죽비소리에 들다

죽비소리에 들다

석연화 시집

月刊文學 출판부

| 시인의 말 |

그것은 봄날 피어오르는 아리랑이 같은 것
거칠게 다가와 부서지는 파도와 같고
홀연히 사라지는 구름 같은 것이다
생生에 있어 고락苦樂은 끝없는 전쟁이었다
수행자로서 뿌리치기 힘들었던 유혹들
무명초로 피어오르는 번뇌와 망상
수없이 달라붙는 거머리를 떼어버리듯
그것들과 치열하게 싸워야 했다
때로는 그들의 한과 넋두리를 함께 읊어대기도 했다
어느땐 하늘을 이불삼아 땅을 자리삼고
산천을 베개삼고, 구름을 병풍삼고
달빛을 등불삼아 영혼을 채색하며 춤을 추기도 했다

그러나 꿈인 듯 온갖 현상은 허망하고 진실하지 못해
잠깐 일어났다가 사라질 뿐
이 순간에도 내 눈에 가득히 다가오는
온 우주 법계 중생들을 어찌해야 할까
나의 고뇌는 현재 진행형이다
어머니의 옥문玉門이 지옥문인 줄 모르고 빠져나온 이 세상
어쩌면 우리 모두는 아비규환의 지옥세계에 살고 있는지 모를 일이다
눈뜨면 보이는 인간 세상 나는 이 세상을 향기 그윽한 시어詩語로 노래하고 싶다.

바람 부는 날 풍경 아래서
석연화

| 축사 |

문학과 불교의 접목

이광복
(소설가 · 한국문인협회 이사장)

시인 주광석 선생님은 석연화라는 법명을 가진 큰스님이십니다. 문단과 불교계에서 아주 유명하신 분입니다. 시인이자 큰스님으로서 문학과 불교를 접목시켜 우리에게 많은 감화를 안겨주십니다. 가슴이 따뜻하고 세계적으로 발이 넓습니다. 지구촌 곳곳에 큰스님의 향기가 넘쳐납니다. 우리 (사)한국문인협회에서는 국제문학교류위원회 위원장으로 활약하고 계십니다.

주 위원장님께서는 약 30년 전 시와 수필로 등단하여 여러 권의 시집을 출간했습니다. 그런가 하면 불교 관련 서적을 여러 권 출간했습니다. 주 위원장님의 문학과 법어는 우리를 새로운 세계로 이끌어 주었습니다.

주 위원장님께서는 큰스님 특유의 온화하고 후덕한 인품으로 많은 불자들의 존경을 받고 있습니다. 문학작품의 경지도 아주 높습니다. 자연의 아름다움과 음률로 호흡하면서 순수한 생명의 소중함을 사랑으로 실천해 왔기 때문입니다. 큰스님께서는 천지간의 법도와 진리를 깨달아 신묘한 자연의 이치를 형상화하여 신문과 잡지 등에 놀라운 작품세계를 펼치셨습니다.

큰스님의 작품은 오랜 세월 현대인들의 정신을 깨우치는 촉진제로 작용했습니다. 이제 큰스님께서는 구도자로서, 수행자로서 선禪을 통해 불교의 참뜻과 자연과 인간의 관계를 시로, 게송偈頌으로 우리 모두를 일깨워 주십니다. 여기, 지혜와 영혼을 밝혀주는 시편들이 밤하늘의 별빛처럼 찬란히 빛나고 있습니다. 오묘하고도 진솔한 시어로 우리의 답답한 가슴을 후련하게 씻어 주는 것입니다.

한편, 석연화 큰스님은 중국 숭산 소림사에서 중국 선종의 법맥을 이어받은 유일한 외국 제자로 널리 알려져 있습니다. 해마다 수많은 국내외 행사를 치르셨고, 성실한 포교 활동으로 불교방송에도 자주 보도되었습니다. 큰스님께서는 어느 누구보다도 가장 솔선수범하는 불제자의 길을 걷고 있습니다. 더욱이 해박한 지식과 문학적 깊이는 문단과 불교계에 던지는 청량한 화두라 하겠습니다.

사실 큰스님께서 걸어오신 굵직굵직한 발자취와 오늘날 몸소 감당해 내는 이런저런 소임만 하더라도 가히 이 시대 한국불교를 밝게 이끄시는 대선사임에 틀림없습니다. 큰스님의 선시집 『죽비소리에 들다』 상재를 축하합니다. 이를 계기로 주위원장님의 문학세계가 더욱 무변광대해지기를 기원합니다. 이 선시집은 어느 모로 보나 독자 여러분의 사랑을 듬뿍 받을 수 있으리라 확신합니다. 감사합니다.

『죽비소리에 들다』 시집 발간을 축하드리며

이종철
(『禪 문학』 발행인)

「25時」 작가 게오르규는 "시인이 괴로워하는 사회는 병들어 있는 사회다"라고 말했습니다. 이러한 의미에서 눈과 눈빛은 다르다고 할 수 있습니다.

눈의 병은 곧바로 치료가 가능하지만 정신을 생산해 내는 눈빛의 병은 전체의 죽음으로 이어지기 때문입니다.

시인은 시를 통해 자기 존재를 만나고 자기 존재가 속해있는 이 세계를 만나게 됩니다.

시인에게 시는 혈관이며, 숨통이며, 세계와의 간절한 문답입니다.

"얼마나 많은 시인들이 흘러간 세월을 빛나게 했습니까?" 독일 시인 횔덜린은 "나는 모르겠노라 궁핍한 시대에 시인들은 무엇을 위해 존재하는가?"를 현실사회를 매섭게 비판하는 시인의 절규 그리고 시대정신을 반영하려는 시인의 사명감이 녹아있었던 것입니다.

그리고 그는 물신주의와 속물의식을 내몰고 분단된 조국에 자유 평등 박애주의를 구현하고자 종종 울면서 분노했습니다.

아울러 인간의 내면에 신성을 회복시키는 잊기도 했습니다.

그래서 시인은 인간의 인간다운 세상을 꿈꾸며 모든 비인간적인 것에는 저항해야 된다고 봅니다. 그런 의미에서 우리 조국의 분단 상황은 작가들을 끝없이 긴장시키고 인간적 진심을 투시하고 옹호하라고 줄기차게 요구하는 시점입니다.

이 시대에 대중들이 찾아야 할 것은 인간의 발견, 인간의 존엄과 인간의 가치를 서로서로 인정하고 존중하는 사회분위기를 만들어 가야합니다.

불신과 갈등, 지나친 화로 가득찬 이 시대에 더욱이 코로나 19로 비대면의 시간대를 살아가는 현대인들에 꼭 필요한 참 수행자의 내면과 정신세계를 시대정신으로 담은 주옥같은 글이 대중들의 일상생활에서 나침판 역할을 충실히 수행해 주리라 믿어 의심치 않습니다.

| 축시 |

작은 거인

지 안(일봉정법보존위원회 위원장)

님이여!
당신은 아십니까?
어울린 수많은 무리 중에
나를 감동시킨 그 무엇을
나는
님에게서
폭풍우가 휩쓸고 지나간
그 자리에
의연하게 버티고
고고히 서 있는
한 그루의 잎 없는
대추나무를 발견했기에
나는
삶의 무게를 이겨낸
작은 거인
그대를 사랑합니다.

2020년 10월 9일
(사)일봉정법보존위원회
위원장 지 안

| 축시 |

선풍의 불림佛林, 아득하여라

엄창섭(시인 · 전 한국시문학회 회장)

단군신상 봉안된 소림선종인 용화사*
선풍의 법맥 잇닿은 실천적 청정도량에
2만여 불상, 그 천년의 불림佛林은
화엄 깨우는 큰스님의 법향法香에
'돌 할미당의 신화' 못내 경이롭고
적요寂寥 뒤, 바람의 영혼 자유롭나니.

목어木魚의 울림 뒤 교교한 월광
바람 끊긴 닙바나* 달마의 외경畏敬에
황옥黃玉 약사불의 효험 선험적인데
마애불의 미륵봉은 선잠인 듯 아득하다.
삼라만상의 묘법과 도리인 법문이
도형화한 만다라宇宙는 한층 놀랍고
묵언의 수행 끝에 아흐, 현기증이다.

* 용화사: 전통 호국사찰로, 세계불교 승왕청 소림사한국본부.
* 닙바나: '고요함(santi)' 또는 '없는'의 상태.

차례

訓詩2

禪詩3

追慕詩 4

祝詩 5

| 작품해설 |

1

죽비소리에 들다

동백꽃 · 1

그러다가
하늘도
땅도
저~ 나뭇가지도 몰랐을 운명
바람도 몰랐고
구름도 몰랐으니
저토록 가슴치며 통곡하는 파도인들
어찌 너의 운명을 알았으리

아~!
어이 할거나
가슴 에이는 이별의 아픔이 있었을 테고
부여잡고 애원했을 몸부림이 있었을 텐데
하염없이 흐르던 눈물은 어이하고
그렇게 추락했는가

북풍한설 낙엽은 뒹굴어도
결코 엎어지거나 쓰러지지 않는 굳은 절개
죽어서도 단아하게 앉은 그 모습

청솔보다 더 진한 청순과
장밋빛 보다 붉은 정열
매화꽃 보다 그윽한 향기로
지울 수 없는 그대와의 추억

그대는 영원한 내 마음의 꽃

동백꽃 · 2

하늘 향해
뜨거운 고백을 쏟아낸다

모진 눈보라를 맞으면서도
눈을 감지 않는 그대

진녹빛 자존심을 통통하게 다물고
생의 나이테도 잊은 채
그리움에 지친 세월을 지나
지금은 나의 온 우주를 붉게 물들인다

그대는 사랑의 화신!

겨울이 오면
빨간 립스틱의
그 소녀를 추억케 한다

향香

아!
타들어 가는
너의 종말이여

육신은 땅에 으스러지고
혼백은 하늘로 사라진다

지금 흔들리고 있는 나를 위하여

내장산 단풍

활활 타오르는 저~ 기세
그래~!
차라리 불이 났다고 하자

계곡물은 청아한데
단풍잎 하나 떨어져 빛을 발하니
계곡은 홍주를 빚은듯하구나

언제 누가 닦아 놓았을까
광채 나는 넓은 바위에 앉아 있노라니
천하에 무엇이 부러우리
겹겹이 두른 산자락은 여인의 치마폭이요
바람에 자지러지는 나뭇잎 소리는
한 곡조 음률이라
발아래 흐르는 맑은 물은 장부가 마실
태평주가 아니실까

몸을 비튼 노송들 다들 의지해 정겨우니
천하제일 벗이라

아~!
내장산
불타는 너를 보노라니
나 또한 정열의 불꽃이 이누나

어느 49재에 부쳐

윤회하는 것은
멈출 수도 없고 되돌릴 수도 없는 시간

해가 뜨지 않고
달이 뜨지 않아도 시간은 멈추지 않는다

기~인 밤
악몽에 시달려도 새벽닭은 울고
봄바람이 꽃을 희롱해도 가을은 온다

얼룩진 세월
주름진 얼굴
불효와 못다 한 정이 서러워

극락조 꽃 한 송이를 바친다
천년만년 피어서
윤회하는 인연 따라 꽃과 나비로 태어나
못다 이룬 사랑 연꽃으로 화하시어
해탈의 경지에 드시옵고

세속에 젖은 육신 벗으시고 열반에 드시라고

그러다가
윤회하는 인연 따라
나비 몸을 빌어 천도화天桃花
그득한 향기에 노니시라

점안占眼

오늘은
부처님께서
많은 종자를 품으셨다

그리고 조용히 눈을 뜨셨다

만삭이 되신 몸으로 법좌에 앉아
육법공양을 받으시며
아무에게도 발설치 못할 사연들을
속으로— 속으로 삭이신다

존재한다는有 것과
존재하지 않는다는無 것을 무언의 법문으로
증명하셨다

잠 못 이루는 밤

불꺼진 방
좁아드는 나의 우주

엄습해 오는 그리움
차라리
숨고 싶다

창틈을 가르는 한 줄기 빛
비수되어 앙가슴을 찌른다

추억들이 그물처럼 덮는다
그물을 헤치며 벌떡 일어난다

한밤중 김성의 반란이다

기~인 한숨
머리를 감싸고 있던 나의 손은
한 올도 없는 머리를 쥐어 뜯는다

부처는 위대하다

부처는
외로워서 이 도량을 만드셨나 보다

이른 새벽
촛불이 켜지고
종소리 울려퍼지면……

모든 생명들은 오랜 침묵을 깨고
깊은 잠에서 깨어난다

사람들—
날고 기고 뛰고 하는 지상의 모든 것들
저 심해에서 비밀스런 꿈을 꾸며 유영하는
물고기들까지
목탁 소리 음률에 맞추어 살아난다

그윽히 향기로운 꽃과
탐스럽게 익은 과일
정성스레 지은 공양까지 사시가 되면

이 모든 공양물이 나와 함께 부처님 앞에 바쳐진다

가늘고 조용한 눈매
엷은 미소 하나로 천지를 움직이다니
참으로 부처는 위대하다

가을이 더 아름답습니다

봄은
아기의 탄생처럼
바램이 크고 설레는 계절입니다

꽃을 가꾸듯—
하는 일에도 신바람이 나고 희망이 샘솟습니다

그러나 아이가 성장해서
짝을 찾아 훌쩍 떠나가면 서운하듯

여름은 짧은 시간에 화려한 막을 내리고
꽃이 땅에 떨어지면 아무도 거들떠보지 않는 계절
가을은 그렇게 소리 없이 다가옵니다

머리가 희끗희끗한 중년 노인의 모습을 닮은
해묵은 소나무 품위를 보는 듯
가을은 넉넉하고 푸근한 멋이 있습니다

잎새 하나 주워 책갈피에 간직하고 싶은 마음

누군가 보고 싶은 계절
그래서 가을은 더 아름답습니다

용의 눈물

——항룡유회亢龍有悔

꿈을 꾼다
아득한 심해深海에서
신비로운 꿈을 꾼다

안개 자욱한 날
비바람 일으키며
조화를 부리다가

여의주如意珠 하나를 얻기 위해
천지를 진동하며 승천한다

오르고
오르고 또 올라
하늘 끝까지 오르다가
용은 그만— 눈물을 흘린다

더 이상 오를 수 없기에

어머니 · 1

달은
휘영청~
나와 함께 걷는데

어디선가 들려오는 소리
고향 집 부엌에서 들리던 소리
어머님의 한과 서러운 눈물을
닦아주던 귀뚜라미 소리

어머니!

호수는
달을 안고
달은 호수를 안고
너무 기뻐서 울고
나는 귀뚜라미 따라 웁니다

어머니
나의 어머니……

어머니 · 2

가끔
지나가는 구름이다

어느 땐
먼 하늘에서 흐르는
빗물이다

오늘은
관세음보살님과 겹쳐 보이신다

어머니!
당신은 정말 아름다우십니다

들꽃의 넋두리

이 세상
사전을 다 뒤져봐도
내 이름은 없어

나는 아름답지도 않아
잡초 같은 운명
바람이 유일한 내 친구지
냉방에서 늦잠 자고 일어나
작은 키에 꽃 피운들
별이 알겠어
나비가 알겠어
가는 길도 그래
목석지도 이정표도 없어
바람이 가자면 가는 거야

내가 왜 미운지 알아
주인이 없거든

내가 왜 키가 작은지 알아
일찍 조실부모 했거든

흑백의 조화

어젯밤
함박눈이 내렸다
온 세상을 하얗게 덮었다

오늘 아침
까마귀 한 마리가 눈 위에 앉았다
까마귀가 아름답게 보인 건 처음이다

하얀 눈 위에 까마귀가 앉았다 해서
하얀 눈이 까맣게 될 수 없고

까마귀가 흰 눈에 앉았다 해서
까마귀가 하얗게 될 수는 없다

그래도 아름다운 건
흑백의 절묘한 조화일 것이다

괜한 생각

백사장 모래톱이 빨래판 같다
옷을 벗어 널고 싶다
아니 내 몸을 씻어서 널고 싶다

어느 댁 빨랫줄에 매달려
펄럭이는 옷가지처럼
내 육신도 저 빨래판에 뉘어 놓고
사정없이 문지르기도 하고
빨랫방망이로 두드려 패고 싶다

오장육부 창자 속에 들어 있는
예비 배설물까지
남김없이 빠지도록 두들기고 싶다
머리속에 박힌 생각들
그것도 저 바닷물에 헹구고 싶다

그리하다
오염되는 지구는 어이할까?

무명無明

그러다가…
흔적 없이
사라질 거라면

그만큼의 생명줄에
애가 닳았을까!

그가 세상을 등진 날
슬픔의 눈물을 훔치다가

슬며시 눈을 뜨시는
부처님을 보았다

누군가가 두드렸을 때 우는 목어木魚
너의 울음소리

어느 호수
어느 강물
깊은 바닷속 웅어리졌던 소리

한 번도 눈을 감아 본 적 없는
네가

지금은 허공에 매달린 채
가슴마저 도려냈으니
어떤 소리인들 사연이 없을까

그 소리마저 울다가~ 울다가~
사라지는 것을……

무아無我

만법萬法은 하나요
자아自我는 하나로되 둘이로다
영혼은 하늘에 있고
골수는 땅에 머물며
그림자는 검고
영혼은 맑고 투명하다

달도 차면 기우는 법
운명을 다해 돌아갈 때에는
그림자도 사라진다

혼魂은 하늘에 흩어지고
육肉은 흙으로 돌아가니

사생四生의 모든 중생들
이 세상 어디에도 완전한 자아自我는 없다
빛을 등진 그림자일 뿐…

무단가출

캄캄한 천장
거기에 그려지는 남쪽 바다
그리운 얼굴
수신자의 주소와 이름

눈 감으면 더 선명하게 나타나는
그 집 대문과 현관
익숙한 방문의 손잡이
깨끗하게 놓여진 따스한 침대
머리맡에 놓여진 찻잔과 다과상

지금 내 영혼은 육신을 벗어놓고
무단가출 했다

연비燃臂로 새겨진 복된 이름

죄 많은 팔목과
번뇌로 그득한 정수리에

아홉 개의 구멍을 뚫어
번뇌와 죄업의 잔재들을 태운다

혜가慧可스님이 단비斷臂로 보인
마음은 아니지만

백회혈을 뚫고 내 몸속으로 들어오는 굉음과
피어오르는 향화香火로
케케묵은 나의 부정과 번뇌를 모두 태웠다
지워지는 이름 위에 향연香煙으로 새겨지는
법명 석연화……

* 단비 : 중국 선종의 초조 달마대사 앞에서 제자 되기를 원하던 2조 혜가스님이 자신의 왼팔을 잘라斷臂 의지를 보이며 불법을 구했다는 이야기에서 나온 말로 자주 쓰인다.

일원상一圓相 · 1

별을 보고 달을 보고
은하수를 건너
견우와 직녀의 재회를 본다

나는
둥근 달 속에 들어가
밤새도록 헤매다가
갇혀서
아직도 헤어나지 못하고 있다

일원상一圓相相・2

몰랐다
둥근 모양의 위대함을 예전엔 몰랐다

모든 생명이 잉태시키는 달의 모습
모든 생명에게 빛을 주는 태양
내가 살고 있는 지구

일용할 양식을 담아 먹는 공양 그릇
돈으로 상징되는 동전
숫자의 시작과 끝인 ㅇ

사과, 배, 포도 등 과일과 쌀, 보리, 통, 팥 등 곡식들의 모양
그중 가장 소중한 나의 머리
참으로 부처께서는 위대하시다
일원상一圓相에는 무한한 공간과
시작과 끝이 없다는 비밀을 어찌 아셨을까

감은사感恩寺

파도는 잔잔하고
바람은 부드럽다
아득한 예날
무열왕이 동해의 용龍이 되어
신라를 지켰다는 전설……

감은사의 불탑은 말이 없고
다만 용이 휘감고 갔을
감은사터는 윤기가 흐르고 있다

황홀한 일출을 보면서도
망국의 한을 서럽게 달랬을
무열왕의 눈빛
그 아래 죄인처럼
무릎을 꿇고 있을 경순왕의 통분이
멀리 파도 소리에 섞여 애달프다

붓다의 꽃

여시아견如是我見
…… 그리하여
그때
나는 보았다

인연으로 피었다가
한 시절 피고지면
다시 환생하는 불멸의 꽃

낮에는 햇무리에 입을 열고
밤에는 달무리에 입술을 적시는
애인 같은 꽃

생각만 해도
옷깃이 여미어지는
향기 그윽한 꽃

해마다
사월이 오면

온 누리 계곡마다
처처에 피어나는 꽃

아니
내 영혼 속에
영원히 피어있는 부용화*芙蓉花

* 부용화芙蓉花 : 연꽃의 별칭.

번뇌煩惱 · 1

누군가
간절한 마음을 담아 밝힌 촛불 하나가
부처님을 미소짓게 한다

하늘은 눈을 감았고
대지는 말이 없다

풍경에 매달린 물고기 한 마리
이따금 그리움에 몸을 떨며 운다

어수선한 상념想念
머릿속을 돌고 있는 번뇌煩惱들
분별分別없이 떨어지는 잎새들
그들마저 내 마음을 흔들고 있다

머~얼리
닭 우는 소리 들린다

아!

어찌 하면 좋을꼬?
저 하찮은 닭 울음소리에
나의 번뇌煩惱가 사라지다니

번뇌煩惱 · 2

내 머릿속은
균열 심한 쓰레기통

그것도
쓸모없이 내동댕이쳐진
찌그러진 깡통 같은 것

고양이가 먹다 남은
가시에 찔리고

냄새만 맡고 달려드는
파리 떼에 괴롭다

때론
주파수 어긋난 소음 속에
머리를 풀어헤친
귀신 같은 그 여자가 나온다

민들레의 말

새여!
자유로운 그대여!
가버린 새여!

하늘을 날고
먼 곳을 내려다보며
천상의 아름다운 음률을 듣고
노래하는 새여!

나는 죽어서 길섶에 앉은
작은 민들레 되어
대지를 디듬는 바람에도 놀라 떨면서도
그대를 부러워했고 그리워했습니다

그러다가 세월이 지나
내가 백발이 되었을 때 얻은 자유와 행복을
그대는 몰라도 구름은 알고 있으리

미륵산

호올로~
한가로운 미륵산

용화의 꿈
미륵의 미소가
외롭다

월악산 골짜기 덕주옹주를 그리워하는 경순왕과
아비를 그리워하는 옹주의 한 맺힌 눈물이
충주 달천강을 지나 목계를 더듬는다

신라 천년 망국의 한恨과
부녀간의 애절한 그리움으로
마의태자 염불 소리가 혼음되어
미륵산 용화사 목탁 소리에 운다

* 신라의 마지막 왕인 경순왕은 나라를 왕건에게 넘겨주고 망국의 한을 달래며 전국을 편답遍踏하다가 원주 미륵산 자락에 피신처를 삼아 40여년 동안 살면서 그를 따르던 추종세력들과 함께 미륵산 정상 암봉에 남쪽 경주쪽을 향해 마애불불상을 조성한 연유로

지명이 귀래면이 되었으며 경순왕의 딸 덕주옹주는 월악산에 덕주사를 창건 북쪽 경순왕을 바라보며 미륵불을 조성하여 부녀간 애틋한 사랑과 그리움을 불심(佛心)으로 달랜 역사와 지명에 얽힌 이야기를 그린 작품.

오염

선방에서
고통스런 가부좌를 틀고
오래 견딜 수 없음에도
부처와 마주 앉았다

머릿속에서 수없이 일어나는 번뇌·망상
구석구석 근지러운 부정한 내 몸
화려한 색깔에 물든 내 눈

귀는 달콤한 말에 익숙해져 있고
코는 향긋한 냄새에 길들여져 있으며
혀는 사람을 마주하면 말하고 싶어 참지 못하고
손은 탐욕을 즐기는 감촉을 잊지 못하고 있다

지금 내 몸은 부처와 마주하고 있으면서도
마음은 등 뒤로 달아나고 있다

오염된 세상을 찾아서 습관적으로……

상존相尊

사랑한다는 이유 하나만으로
상대를 간섭하지 말라

하늘은 땅에 대하여
많은 것을 배려하나
간섭하지 않는다

땅은 하늘에 대하여
더없이 우러러 공경하나
댓가를 요구하거나
억수장마 벼락을 쳐도 원망하지 않는다

풍경

비가 오려나!

나는 가끔 하늘을 본다
추녀 끝에 매달린 물고기 한 마리
바람 부는 날이면 몸부림을 친다

마치
나를 보면 안달이 나는
강아지 구월이처럼……

삼고三苦

아파서
괴로우면 붓을 잡고
마음 한편의 여백에라도 채우고저
먹물을 찍는다

화가 나서
참기 어려우면
분노하는 마음의 불을 끄고자
염주알을 끼운다

외로워서
참기 어려울 땐
바람에 나부끼는
그리움의 시를 쓴다

겨울 나그네의 독백

무아無我의 시간
하얀 들판을 홀로 걷는다

눈을 밟으며 걷는다
또다시 지워질망정
이 순간만이라도
내 존재의 흔적을 남기기 위하여

간이역에서

이상과 현실의 경계선
조각난 시간의 그림자 흩어진다

무심히 지나가는 열차들이
쓸쓸한 배경을 만들고 있는 한낮
지난날의 바람을 타고
전설처럼 희미해진 추억을 더듬는
창가에 비가 내린다

느리게 추락하는 잎새 하나
열차의 속도와 대조를 이루며
감성의 플리스를 긋는다

쓸쓸한 바람이 빈 속을 채우는 간이역
플랫홈에서 한줄기 가을비가
마음의 영토를 점령한다

그리우면 떠나십시오

그리우면
그렇게 못 견디게 그리우면
가십시오

길이 없다면
강을 건너 산을 넘어
아니~ 날개를 달고서라도
어서 가십시오

그리움을 참으면
눈물이 납니다
눈물이 나면 서러움 비가 되어
강물이 됩니다

강물이 불어나면
길은 점점 멀어집니다
멀어지면 그렇게 멀어지면
영영 이별할지도 모릅니다

그리우면
그렇게 그리우시면
주저하지 말고
지금 떠나십시오

비움의 미학

비운空다는 것
채우는 것 보다 어려운 것

높은 건물을 짓고
고급 외제 승용차를 타고
아름다운 여자를 서넛 꿰차고
남들보다 더 높은 자리에 올라야 하고
산해진미의 별난 음식을 배불리 먹어야 하는
채움의 무한경쟁 시대

배움은 날마다 새로운 지식으로 채워야 하고
탐욕은 날마다 오물을 퍼내듯 버려야 한다

아상과 고집 편견을 버리고
갖고 있는 부귀富貴는 자비심으로 나누고

앞서가는 자리에서는
한 걸음 물러설 줄 알아야 하며

가장 높은 자리에서는
가장 낮은 자세로 처신해야 한다

이보다 더 위대한 비움은 없다

임종

캄캄한 우주
…… 때는 그날

가느다란 불빛 하나
갸날프게 춤을 춘다

쓰러질 듯
깨질 듯
가물가물 하다가
다시 일어선다

꺼질세라 손을 모은다

한고비 넘는가 싶더니
불꽃은 스러지고
시계는 멈추었다

엄마!
통곡하는 막내딸

혼불은 주인을 잃었고
영혼은 막내딸 손을 잡고 놓을 줄 모른다
아무도 모를 어미의 마디마디 맺힌 한

혼불은 막내딸의 통곡을 들으며
한 점 구름 되어 구천으로 떠났다

이슬

바늘로 구슬을 꿰려는 찰라
한 점 바람이 스쳤다

아!
어찌 할꼬
구슬을 놓치고야 마는
저 솔잎의 안타까움을

어느 날 상가喪家에서

삼베 광목 하얀 상복은
옛말인가

상주 년놈들
예복 같은 검정 양복에
완장까지 차고
깔깔 킬킬대며
부의금 챙기는 꼴이라니

때마침 내리는 빗줄기
오죽해야 하늘이 대신 울어줄까

밤하늘

달빛이 적막하게 누웠다면
별들의 반짝임은 격정의 숨소리입니다

하늘은 고요를 품고 싶어합니다
그러나 잠들지 못하고 있는 하늘
나는 그런 하늘에 편지를 씁니다
적막과 격정 사이에서

사랑하는 이여……!

새가 되면

부르리라
나는 이제 노래 부르리라
숲이 눈부신 춤을 추도록

자유로이 비상하고
짝을 찾아 날으리라
날개 안에 숨겨 놓은 사랑을 위해

밤에도 날으리라
철없이 날으리라

선물

눈물은
눈에서만 흐르지 않는다

눈물은
가슴 속에서 더 많이 흐른다

눈물은
나 혼자 흘리지 않는다

눈물은
나로 인해 누군가도 흘린다

눈물은
하늘이 나에게 주시는 가장 큰 교훈의 선물이다

슬픈 발견

내가
이 우주 공간에서
하나의 티끌에 지나지 않는다는 충격에
한없이 슬퍼졌다

부처여!
나의 전부인 부처여!

당신에게 나의 존재는 무엇입니까?

무녀巫女

천둥 소릴 마신 듯
울부짖는 굵은 목소리
밤하늘 달빛에 젖은 눈에서는
별들이 쏟아진다

비껴쓴 삿갓
돌아가는 쾌자자락
부채 바람에 산이 돌고
강물이 돌고
그녀가 돌고
신들이 돈다

내려감은 속눈썹 아래
샘솟는 눈물
오뉴월 강물인 듯
얼룩져 흐르고
파르르 입술의 떨림은
저승의 목소리 망자의 한!
원이로다!

원이로다! …… 원이로다!

무릎 꿇고 속죄하는 불효자
땅을 친들 그 곡성
구천이나 갈까?
아득히 머~ 언 저승길
부챗살만 여울진다

상사모想思母

목이 메입니다
아득히 먼 곳에 계신 당신

하늘에 달이 뜨는 한
나는 당신을 잊을 수 없습니다

어머니!
내 어릴적
당신께서는 달나라로 가셨다는
할머니 말씀에……

오늘처럼
달이 밝은 날이면
그리움을 덧칠하며
달을 품고 우옵네다

어느 날 생각

그날은
미륵산이 고향집
용마루 같더니

오늘은
미륵산이 성벽 같고
교도소 담장 같구나

미륵산 정상에 서서

나는 죽으면
커다란 바위가 되리라

드디어 목숨도 망각하고
흘러가는 구름 천둥소리에도
놀라지 않으리

좋은 날 행복한 꿈은 꾸어도
그 사연을 노래하지 않으리

그러다가~ 이 몸
두 동강이 난다 해도
원망도 고통도 말하지 않으리

다만
천년이라도 이렇게 있다가
당신이 나를 찾으면
그때 나는 돌부처가 되리라

거울 앞에서

한 남자가 있습니다
낯설지 않은 얼굴
그러나 왠지 어색하고
조금은 외로운 듯 슬퍼보입니다

그 남자는 사시사철
옷을 갈아입지 않습니다
계절을 모르는가 봅니다

그 남자는 머리 빗질을
하지 않습니다
마음의 빗질만 할 뿐

새벽길

찬바람이
대지의 살가죽을 깨우는 시간

들판에 등을 달아 놓고
보석 불빛 어른거리는 꿈속을 달린다

광대들의 줄타기 같은……
생의 간절한 기원을 담고 달리는 새벽길

가랑잎 뒹구는 소리가 가을의 음률로 깔린다

아스라이
희미해져 가는 별빛을 헤치며
흐르는 강물처럼……
떠도는 영혼처럼……
길을 떠난다

명려장茗藜杖

여리디 여린
파아란 잎은……
차茶로 달여도 그윽하고
그 첫 순은
고와서 더더욱 좋아라

비록 한해살이로 살다 가오만
뿌리에 깃든 영혼은 지기地氣를 품었고
솟구친 줄기는 천기天氣를 머금었으니
천지天地의 도道를 능히 알리다

가지마다 사귄 몸짓
우애롭기가 사람보다 낫구려
늙어질수록 몸은 가볍고 단단하니
그를 벗 삼아 함께 가노라면

굽은 길은 펴며 가고
험한 길은 평탄케 하니
이 몸 하나 의지하기가 벗님네 같구려

가을날 잎새 하나
—입적, 고승의 죽음

앙상한 가지
파리한 잎새 하나

살갖이 찢어지는 고통
보내야 하는 아픔이 있었으리

벗겨지는 허물에 대한
부끄러움도 있었으리라
무성한 소문에 괴로움도 있었으리

사라져야 할 열반의 굴곡진 운명은
바람도 나무도 그 잎새도
노을에 스러지는 저 산도 모르리라

가출과 출가

돌아올 수 없는 길
생사生死가 없는 윤회輪廻의 길을 따라
무단가출家出했다

바람이 되고
구름이 되어

부귀영화도
도시의 파티, 꽃들의 유혹도
떨쳐버렸다

탐욕貪慾과 아만심我慢心으로
싯밟았던 그들에게 속죄하며

고행苦行이 안락安樂임을 깨닫기 위해

무소유처정無所有處定을 얻기 위해
나는 출가出家했다

어머니는 내가 가출家出했다고 소문냈다

노을

아직도
미련이 남았는지
세포 속까지 물든 애틋한 정을
어쩌지 못해
붉은 치마 펼쳐 앉고
꺼억~ 꺼억
울고 있다

정유년丁酉年 만평

대낮에 우는 수탉

오죽
답답하면
대낮에
목을 길게 뽑고
홰를 치며
통곡할까

어느 시인의 넋두리처럼

핑계

고독해서
혼자 걷다 보니 비가 내려요

슬퍼서
노래 부르니 음률이 서럽네요

쓸쓸해서
누군가에게 기대어 보니 가로수였어요

투신하려고 강물을 내려다 보니
내 모습이 정말 못났더라구요

실종

봄에는
꽃맞이 가고

여름에는
물맞이 가고

가을에는
단풍맞이 가고

겨울에는
첫눈 맞으러 가더니

영영 돌아오지 않았다

세월호

잊어야 하는 것
아파서!
괴로워서!
애타게 그리워서
너무 너무 원통해서 잊고 싶은 것
아직도 세월호는 항해 중이다

그믐달

아마도
지친 여정이었겠지

온갖 폭풍우를 견디다가
난파선이 되어

이제는 돛대도 잃고
표류하는 작은 조각배여!

어느 봄날

봄바람에 유혹 당한 외출
꽃잎에 마음 빼앗기고
향기에 취했다

들녘은 온통 녹빛으로 부드럽고
계곡물은 분주하게 흐르고
산은 구름을 휘어잡고
머~ 얼리 피어오르는
아지랑이 속 어른거리는 얼굴

나는 오랜 추억 속 포로가 되었다
이 봄
거칠어지는 살가죽이 아프게
터질 때까지

불상佛像

가는다란 눈매는 세상을 이미 보신 듯하고
커다란 귀는 나의 온갖 죄상을 들어 아시는 것 같고
두툼한 입술은 왠지 넉넉해 보이고
깊게 패인 목주름은 삼천 년쯤……
세월을 보낸 나이테로 보인다

엊저녁엔 무엇을 드셨기에
저토록 풍만하실까
오늘도 부처님은 꽃방석에 앉아계신다

위대한 발견

웅대하고
비밀스런 이 우주
끝없는 하늘
신비로운 바다
저 큰 우주를
한눈에 삼키는 나

백합

향기보다
가슴으로

백년이 가도
변하지 않는
순백의 살결…… 그 심사

너는 나에게
희망이고
사랑이다

오직
내가 기억해야 할 이름
하얀 별이다

꽃이여

꽃이여

봄이 가고
꽃잎이 떨어진다 해서
슬퍼하지 말아요

화려했던 잔치
찬란했던 여름날의 정열
무성한 숲들이 지구를 덮는다 해도
괴로워하거나
슬퍼하지 말아요

꽃이여
그대에게는
그대만을 사랑하는 나와
우리만의 계절이 있습니다

어느 날

허울 뿐인
생의 나열이다
고단한 삶
밤을 지새우고 눈부신 아침
몸은 무거워진다
긴 한숨 내쉬며
하늘 높이 고개 들어 말한다
나더러 어쩌라고 ?

지친 몸을 이끌고
여기까지 왔기에
이 순간이 못 견디게 버겁다
이때, 누가 보냈을까
호흡처럼 나타난 새 한 마리
하늘에 선명한 미래를 그리고 있다

애증

당신을
만난 지난날들
나는 당신에게 묶여
자유를 잃었습니다

한걸음도 멀리 벗어날 수도
떠날 수도 없습니다

당신은 나의 주인입니다
나는 당신의 애완용입니다

설령 당신이 놓아준다 해도
나는 당신을 떠나 멀리 가지 못합니다

그러나 당신은 종종
나를 두고 잠적 할 때가 있습니다

그래서 사랑은
시들어 가면서 미워지나 봅니다

상례행렬喪禮行列

만장挽章?
그것은
죽었다는 깃발

만가挽歌
그것은
승천하겠다는 울부짖음

상여喪輿
그것은
살아생전 타보지 못한
욕심 채우기

상주喪主
그것은
가는 길을 따르겠다는
예행연습이다

별천지別天地

바람도
새소리도 없는
고요한 밤

눈이 내렸다
산에도 들에도
나의 창문 가득히 내렸다

아!
세상은 별천지別天地
마법 같은 그림으로
바다에는 눈이 오지 않았다

파계破戒

내 것도 아닌
작은 손실에 분노했다

지나친 탐욕으로
나의 소중한 인연들이
고통받고 괴로워했다

참으로 하늘 보기가 부끄럽다
진실이 통하지 않았을 때의 분노
그 분노는 나만의 것은 아님에도
나는 파계破戒를 서슴지 않았다

수미산 보다 무거운 죄업을
나는 어찌해야 할까

석등을 받치고 있던 돌사자가
눈을 부라린다

낙엽에 대하여

아직은
푸른 잔디 위에
쓸쓸히 떨어지는 이별
지난 며칠은
손으로 달래며
고이 묻어주었다

오늘은 어제보다 더 처참히 쓰러진
죽음에 대하여
천적을 만난 전쟁도 아니요
알 수 없는 생물의 침략도 아닌
섭리의 끝장인 것을

나는 빗자루를 들어 쓸면서 슬피 운다

가을이면
이렇듯 이별을 하고야 마는……

비오는 날

일상에 쫓겨
멀리 갔을 땐 몰랐습니다

비오는 날
내가 혼자 고독할 때
감기라도 걸려 누웠을 때
당신이 생각났습니다
간절히 그리웠습니다

그토록 소중했던
사랑도
세월 가면 잊혀지는 줄 알았습니다
당신이 내 책갈피 속에 넣어준 은행잎이
누렇게 퇴색되어가듯 그리다가
흔적도 없이 사라질 줄 알았습니다

그러나 당신을 향했던 내 사랑은
비오는 날이면 살아나는 아픔이었습니다

오늘도 비가 내립니다

무상객無想客

날아라~
날아라~
꽃으로 날고
나비춤 장삼 자락에 날아라

법고를 두드리는
버선코에 염불 소리 즈려밟고
바람결에 구름 위 오르듯
무애가 어깨춤에 노시다가
원망과 넋을 풀고 천상에 오르시라

반야용선 노를 잡고 망설이는
저 무상객無想客은 누구신가

끊어야 할 인연
버리고 가야 할 육신

유정有情도
무정無情도 본래 무상無像한 것을

어찌 한 걸음 오르기가
저토록 무거우실까 ?

전보

아!
슬픈 소식
원숭이가 고압선에 감전되어
죽었다오……

그날
또 한 마리의 원숭이가
고압선에 뛰어올라 죽었다오

그 원숭이는
앞서 죽은 수컷 원숭이의 아내
암컷 원숭이었다오

그대여
그 옛날 나의 당신이여!
이 비보를 당신에게 전하오

주여! 부처여!

나비는 꽃향기에 취해서
날지 못하고

벌은 꿀을 너무 많이 먹어서
배가 불러 날지 못하고

나는 여인이 너무 많아
치마 속을 헤어나지 못하고 있습니다

주여 !
부처여 !
이 범람의 사태를 주여 주옵소서

나의 말

나이 들수록
해가 바뀔 때마다

놀라움과
존경심으로 일깨워 주는
두 가지가 있다

하나는
밤 하늘에 반짝이며
나를 지켜보는 별이요

하나는
내 마음속에 오롯이 자라나는
도덕과 양심이다

동작동 현충원에서

공작이 나래 펴고
알을 품었다
혼을 품었다

피의 고지
총성에 꺾인 젊은 나무들

동강난 한반도
찢어진 태극기
선혈이 낭자한 국토

목 놓아 부르던 애국가는 진혼곡이 되었고
후렴은 한강물에 잠겼다
눈물의 한상은 동삭에 머물고
아직도 풀지 못한 38선 원혼들은
충혼탑을 맴돌고
백발의 소녀는
비문을 안고 흐느낀다

그림자

내 마음 한 쪽
구석에 앉아
밀려오는 어둠에 몸을 숨기다가
빛을 보면 꿈틀거리고 일어서는
또 다른 나

그 많은 고운 빛깔 중에
하필이면 먹빛으로 태어났을까

달月

초승달은
먹은 게 없어서 쪽박이고

보름달은
보름 동안 많이 먹어서
배가 불러 둥글고

그믐달은
한 달 내내 굶어서 쪽박이란다

꽃구경

봄이 되니
꽃이 만발하고
꽃길 아래에는
중이 가고 있는데

“여보시오 스님네
어딜 그리 바쁘게 가시오?”

중은 손가락으로
앞서가는 여인을 가리키며 하는 말……

꽃구경 가요

업보

파도가
내 앞에 와서 우는 건

누군가에게 받은
상처 때문이 아니라

나로 인해 상처받고
아파했을 누군가가 흘린 눈물의
분노일 게다

고뇌苦惱

법맥法脈
그것은 석釋씨의 정류正流
정류正流로 흐르는 혈맥血脈은
수맥水脈 같은 것

사생四生의 자부慈父이신
석가세존의 피는
어떤 색色이었을까?

천오백여 년 전 순교한
이차돈의 피는 하얀 빛깔로 솟구쳤다는데
성불成佛한 자와
깨닫지 못한자의 피는 어떻게 다를까 ?

흘러내리는 붉은 코피를 보며
나는 고뇌苦惱한다

꿈

파도를 타고
밀려오는 그리움
포구에 묶인 작은 배 한 척

눈물로 얼룩진 얼굴은
밧줄에 묶인 채
비틀거린다

갈매기는
머리 위를 맴돌고

나는 칼을 집어든다
수없이 난도질해도
끊어지지 않는 밧줄

온몸이 땀에 젖고
지친 내 몸짓은 동이 트고야
멈추었다

석류

터질듯한 석류 하나
이 가을 저리도 만삭이 된 건
봄날 그 햇살과 마주친 인연으로……

가슴속 움튼 씨앗 하나가
어느새 하늘 가득
붉게 익었건만

석류는
마음으로만 보란다

만삭이 된 그 아비의 정체를
묻지 말고……

기도

어둠이
촛불을 삼키는 밤

달을 품는 마음
염주알 굴리는 소리

가쁜 숨소리
백여덟 번
무릎으로 마룻바닥 찧는 소리

기도는
이 작은 소리 하나하나로
적막을 깨는 것

촛불 · 1

아!
어이할꼬
춤추는 저 재롱과
감추어진 속내의
뜨거운 눈물을……

촛불 · 2

위를 보면
하늘이 맑고

옆을 보면
벗이 밝고

아래를 보면
길이 밝다

촛불로 자신을 보면
영혼이 밝아진다

부처여

당신에게는
고요함이 있습니다

당신에게는
자애로운 미소가 있습니다

당신에게는
평화가 있습니다

당신에게는
풍요로운 넉넉함이 있습니다

당신에게는
미래가 있습니다

그러나 당신에게는
나의 현재가 없습니다

함박눈 오는 날

목화솜이
춤추며
날아다니는 동심

그리다가
지상에 내려
곱게곱게 눕는 것들

아!
이 고운 대지를
어이 밟을 수 있을까?

절묘한 굿바이

시는 바람을 쓰고 있을 때
밖에서는 눈이 내렸다

바람은
내 머리 속을 맴돌고
빠져나올 줄 모를 때

눈은 무도회를
즐기고 있었다

나는 지금 기지개를 켜는
팔의 무게도 감당하지 못하고
들고 있던 펜을 떨어뜨렸다

안녕
바람이여 안녕 !

진리

꽃은
추악한 나를 위해 피어나고

물고기는
바다가 살아있음을 증명하기 위해
그곳에 살고

새는
하늘이 너무 허전해서
그곳에서 놀아주며

나는
하늘에 아버지가 계시기에 하늘을 높이
우러러 보고

땅에는 어머니가 계시기에 땅에 주저앉아
응석을 부린다

비익조

혼자서
날아갈 수 없는
새는 온종일 운다

하늘이 있어도 날 수 없는
가련한 새

목이 쉬도록 님을 불러봐도
허공은 메아리조차
남기지 않는다

* 비익조比翼鳥 : 날개가 한쪽만 있어서 짝을 만나지 못하면 혼자서는 날아 갈수 있다는 사랑과 이별을 담은 중국 전설의 새.

미오일迷悟日

캄캄한 하늘
몇 년이나 흘렀을꼬

밤새 이슬 맞고
하늘을 보니 별들이 가득한데

문득
큰 별 하나……
부처는 처음으로 눈을 크게 뜨셨다

* 미오일迷悟日 : 부처님 성도일.

천지조화

위대하고
웅장하기가 끝이 없는 하늘

태양은 찬란히 일어나서
어둠 속으로 서글프게 가고

달은 고요히 와서
비밀처럼 흔적도 없다

별은 하늘에 뿌려진 사랑의 금가루……

송이松栮의 소망

남자이고 싶다

음지에서 태어났을지언정
대지를 뚫고 불끈 일어선
대장부이고 싶다

청솔의 정기精氣 듬뿍 먹고
사시사철 시들 줄 모르는

한 아름
남자이고 싶다

꽃, 그 아리따움

아리따운 꽃은
밤을 알고
이슬을 먹을 줄 안다

아리따운 꽃은
바람을 알고
벌과 나비를 유혹할 줄 안다

아리따운 꽃은
시국을 안고
영웅을 섬길 줄 안다

무명초의 반란

그날
나의 무명초는 화장火葬 되었다

그리고 나는 산사에 살고
나의 영혼은 그곳을 서성인다

가끔은
미꾸라지처럼
승천하다가 떨어져 울고

더러는
구름을 타고 이도하다가
추락한다

오늘도 나는
송송이 자란 무명초를 보며
고뇌한다

물水 · 1

그 부드러움은
쇠를 자르고
바위를 뚫는다

물은 부드러움 하나로
대장부의 기개로도 어쩌지 못한 그녀를
발가벗긴다

물水 · 2

물이 없다면
우리는 무엇으로 생명줄을
이을 것이며

물이 없다면
우리는 누구로부터 길을 찾고
넓은 세상을 알 것이며

물이 없다면
우리는 누구로부터
진리를 배울 것인가

설매雪梅

몸은
토라진 여인이
비튼 듯하고

뻗은 가지의 기개는
장수의 창검 같은데

예리한 비수 곁에 핀
꽃 한 송이
그 빛깔이 너무 고와
와 닿는 눈발이 오히려 검구나

우직한 사나이의 믿음

사나이는 말했다

"사랑하는 이여
우리 내일 밤
저 강 아래 다리 밑에서 은밀히 만납시다"

사나이는 그날 밤
다리 아래에서 설레이는 마음으로 기다렸다

그녀는 삼경이 지나도록
나타나지 않았다

밀물은 점점 밀려오기 시작했다
마침내 물은 발목까지 차오르다
무릎 허리까지 차오르고
키를 넘어 그는 그만 익사하고 말았다

* 이 이야기는 중국 고사 중 미생의 믿음尾生六信을 인용한 것이다.

얼음

멈추었다
신호등도
정지 표지판도 없이
가던 길을 멈추었다

그는
심장이 멎은 채 죽어있었다
가해자도
목격자도 없다

사람들의 웅성거림
언론은 이 사건을
연일 특종으로 보도했다

지나가던 도승 연화가 말했다
"나무아미타불……"

그는 죽은 것도 아니요
산 것도 아니요

다만 죽은 척하고 있느니라……

본래 이름은 물이라고 하느니……

해맞이

지난밤

하늘과
바다의 밀애는 선線을 넘었다

그들의 섞임은 완전한 결합이었다
밤새도록 꿈틀대던 본능적 유희는
조용히 끝나고

때에 이르러 실낱 같은 선線이 그어지자
그 경계를 뚫고 개벽이 일어났다
수평선 넘어 타오르는 붉은 빛
빛은 용광로의 불덩이처럼 이글거리며 솟아올랐다

둥근 해는 온 세상을 붉게 물들이며
장엄하게 어둠을 삼켰다

아!
이 황홀이여!

동방의 빛이여!
대한의 아침이여!
눈물이 나더이다

솟으라~ 태양이여
덩실덩실 춤을 추며 솟아오르라
장엄한 너의 빛으로 온 세상을 밝히고
내 검은 가슴을 흔적 없이 태우라

거문고 예찬

처음 한 줄을 튕기면 귀 여는 소리
두 번째 줄을 튕기면 하늘의 소리 들리고
세 번째 줄을 튕기면 땅을 더듬는 손길을 느끼고
네 번째 줄을 튕기면 박연폭포 물소리 들린다

다섯 번째 줄을 튕기면 아버지가 대문 여시는 소리 들리고
여섯 번째 줄을 튕기면 어머니 가마솥 여시는 소리 들리고
일곱 번째 줄을 튕기면 고향 집 송아지 에미 찾는 소리 들리고
여덟 번째 줄을 튕기면 그리운 우리 누이 목소리 들린다

아홉 번째 줄을 튕기면 아! 춘향이 수절하는 애끊는 소리
열 번째 줄을 튕기면 진주 남강 의암이 우는 소리 들리고
열한 번째 줄을 튕기면 님 그리워 우는 두견새 소리 들리고
열두 번째 줄을 튕기면 가고 싶은 내 마음의 소리 길게 퍼진다

화두話頭

내 어찌
잠시라도 그대를 잊으리오

산 넘어
강 건너

또 금산철벽
천 길 낭떠러지가 막아선들
내 어찌 잠시라도 그대를 잊으리오

이 몸 늙어
지팡이에 몸을 의지한들
내 어찌 그대를 잊으리오

현인賢人

사랑 때문에
고통스럽고 괴롭다면
그는 살아있는 사람이며
행복한 사람이다

미움 때문에
고통스럽고 괴롭다면
그는 죽은 사람이며
불행한 사람이다

가난 때문에
편안하고 행복하다면
그는 어질고 깨어있는 사람이다

들꽃이여

나는 그대가 더 아름답고
향기롭기를 기도합니다

바람은 그대가 미소지을 만큼
산들바람이었으면 하고

비가 온다면 이슬비같이
그대의 입술을 촉촉히 적실만큼 내리길 바랍니다

들꽃이여!
나는 그대를 진정 사랑합니다

달빛도 별빛도
아침 햇살까지도
오직 그대를 향해 비춰주길 간절히 기도합니다

고요한 세상

하늘에는
은은한 달빛의 고요가 있고

땅에는
좌선하는 산들의 고요가 있으며

물에는
하늘 품은 호수의 고요가 있고

산사에는
아련히 피어오르는 향연의 고요가 있습니다

세상에는
내 마음의 고요가 있습니다

허공

높고 높은 산
나는
깊은 골짜기에 갇혀서
넓은 바다를 꿈꾼다

바다는
높고 높아서
오르고 또 올라가도
나무 한 그루
구름 한 점
새 한 마리 없다

산과
바다가 사라진 깊은 시간
허공에서 날아온 편지를 읽는다

꿈같은
그리움을 읽는다

마음

지금
그대가 타고 있는 배가
흔들린다 해서

불안해하거나
그대의 마음 흔들리지 말라

그대의
마음이 안정되어 고요해지면

어느덧
바람도 파도도 잠잠해지고
타고 있는 배도 평온해지리라

사모곡思母曲

나뭇가지에 걸려있는
보름달!

달 속에 절절하게 그려지는 얼굴
어머니!
한 점 지나가는 구름 사이로
아련히 스치는 흑백의 그리움이 있다

달빛은 너무 밝아
서글픈데

달은 왜 나뭇가지에 걸려
오고 가지 못하는가

애달픈 눈물만 하염없이
강물로~ 흐른다

전원일기

"배나무야!
배나무야~!
나두 할아버지처럼
너를 사랑한단다
그러니 내년에는 단맛이 넘치는
배를 주렁주렁 많이 열리게 해다오~!"

할아버지의 아버지가 지으시던
과수원에서 손주를 데리고 거름을 주시던
할아버지의 말씀이다

손주가 궁금해서 할아버지 그렇게 하면
정말 배가 많이 열려요~? 하고 묻자

"그래
예전에 할아버지가 이 과수원을 하실 때 과일이 얼마나 달고 맛있었는지 읍내에서 제일가는 과수원이었지
그런데 할아버지가 돌아가시자 이듬해부터 과일이 맛이 없었어

그래서 거름을 주고 나무를 붙잡고 지금처럼 이야길 했더니 신기하게두 그해부터 옛 맛을 되찾아서 지금처럼 우리 과수원이 유명해진 거란다

그러니 너도 이다음에 커서 나처럼 과수나무를 가족처럼 사랑으로 대하거라

사람은 산천초목 모든 자연에 감사해야 하고 사랑할 줄 알아야 한다."고 당부하셨다

아침 안개가 피어오르는 과수원에서 할아버지와 손자가 삽질하는 모습이 너무도 아름다운 광경이었다

실종된 자비慈悲

투두둑……!
도토리 밤알이 떨어지면
어느덧
산사山寺에는
가을이 깊어 간다

영근 알알들은
늦을세라 귀띔해 베푸는데

사람들은 야멸차게 쓸어가고

나뭇가지에 매달린 다람쥐 눈망울엔
서운함이 그득하다

사바세계娑婆世界

없다
길이 없다
눈을 감아도 끊임없이 나타나는
군상들

빛도
비상구도 없는
번뇌로 뒤엉킨 터널

갈수록 산은 높고
강물은 깊은데
집요하게 달라붙는 군상들은 목이 잘리고 팔이 잘리고
엎어지고 쓰러지고 눈·코가 날아간 불쌍한
불상佛像들 뿐

어디에도 내가 찾는 완전한 부처는 없었다

흔적

하얀 눈으로 덮인 세상은
참으로 아름답다

추한 것들과 나의 허물
번뇌하는 것들조차 묻어버리고
맑은 호흡으로 숨쉬게 한다

눈을 쓰고 있는 돌부처마저
참으로 인자하시다

하얀 눈을 머리에 이고 있는 모습에서
문득, 고향집 할머니의 미소를 본다

눈 덮인 절집 마당은
참으로 깨끗하다

누군가 법당을 향한 발자국
과거의 흔적도 지워져 가고
미래의 길은 무안한

상처를 지우는 시간의 힘
하늘은 참으로 위대하다

가을

가을이 오면

추억의 오솔길에 낙엽이 쌓이면
나는 그 길을 걷고 싶다

아직은 미련에 떨고 있을 낙엽을 보며
이별 할 수밖에 없었던
최후의 변명을 들으리라

청춘을 불태우던 정열
구름마다 손을 흔들었던 헤픈 추억
지금은 이별하고야 말았으니……

가을엔
한 남자가 있었고
멀리 떠나간 한 여인이 있었다

고백

당신의 사진을 보면서
따스한 체온을 느낍니다

그리고
함께 했던 그 순간
그 길을 회상합니다

오솔길을 함께 걷던 시간과
해변에서 마주보며 설레었던
추억을 하늘에 고백하며
소리쳐 봅니다

그리운
당신의 이름을 부릅니다
메아리가 없는 이름을
부르고 또 부릅니다

어디에 계시든
당신과 나는
하나임을 하늘에 고백합니다

무제

…… 그리하여
호수는 달을 품고
바람은 내 마음을 스치운다

침묵은 풀잎마저 숨을 죽이고
이슬은 고요히 어둠을 덮는 날

아!
방울소리
신명을 깨우는 음률
흐느낌은 천년을 흘러~ 흘러서
이제사 도솔천 대명신궁에
다달았으니

그녀는 태초부터
하늘과 나와 통하였노라

높은 산 우러르면 꽃동산 노래하고
나즉히 내려 경호강을 내려다 보면

어느새 그녀는 용소에 숨는다

들린다~
구슬픈 그녀의 목소리~
나는 듣지 못하였으되
하늘은 이미 듣고 대지는 말한다

신명천하神明天下
불~ 칼!
서슬퍼런 작두 위에 떨어지는
굵은 눈물
허공을 삼킨 눈동자는
차마 말할 수 없는 여한이
하염없이 넘쳐 흐른다

새벽은 아직도 산을 넘지 못하고
달은 휘영청 밝았으니

보라
보았는가
달빛 아래 홀로 서 있는 여인
저 여인은
달月이련가?
꽃花이련가?

코로나 특집 방송에 발표된 숫자

전국 5429 잃어버린 첫사랑 애인의 생년월일
원주 13 지붕 위에서 떨어져 죽었다 살아난 해

이들의 포위망은
점점 가까이 좁혀진다

대문을 잠그고
현관문을 잠그고
방문은 잠갔어도
뻥 뚫린 나의 공간

공포의 문은
닫으면 닫을수록 열린다

그 옛날
열아홉 개의 구멍에서 나온
연탄 가스 중독보다 더 무서운 코로나19
나는 이 숫자만 들어도 의식 불명이다

너에게로 가고 싶다

오늘따라
나의 어깨에 내려앉은
삶의 추상명사가
더욱 무게를 느끼게 할 때

가고 싶다

그녀가 쓰는 향수보다 더
신비한 내 마음으로
풍만한 가슴과 실한 엉덩이로
세속에 찢기우고 관념에 더렵혀진
나의 상처를 기꺼이 보듬어 줄

너에게로 나는 가고 싶다

오늘처럼
이 도시의 파티가
발목을 잡지 못할 때
비발디의 사계가 음률로 이어지는

어머니의 따스한 품속 같은
그 산으로
나는
가고 싶다

산불

누구는
바람 때문이라고 한다
또 누구는
바람을 불러들인 너 때문이라고 한다
또 다른 누구는
너의 내부에 반란이 드디어 시작된 것이라고 한다
또 다른 누구는
혁명을 부추기는 배후 세력의 조짐일 것이라고도 한다

아니다 그렇다

자초지종에 대해 근원지에 대하여
우리가 서로 다투고 있는 동안에도
육십 년생 소나무가 우지끈 넘어간다
이제 막 어깨가 떡 벌어지던 떡갈나무의 꿈이
맥없이 무너진다
얽히고 설키는 것이 삶이라던 다래덩굴 칡덩굴의
철학은 개똥철학이었다

아무도 달랠 수 없는 너의 분노는
아주 작은 씨앗에서 싹텄을 것이다

산이 잔뜩 오른 무녀처럼
광기어린 그 춤사위에 박수 갈채를 보내야 하나
플래카드라도 달아주어야 하나

귀향

가야 한다
가서
오랫동안 비웠던
내 방을 청소하고

구멍 뚫린 지붕
얼룩진 벽지도 새로 바르고
박차고 나온 문짝도 고쳐 달아야 한다

그 해

겨울부터 버려진 황폐한 화단
낙엽들을 쓸어버리고
하루살이 득실대는 샘물을
말끔히 청소해야 한다

그리고

헤엄치며 건너던 마을 앞 시냇물도

걸어서 건너가 보고
하늘 높이 두렵던 뒷동산

새소리
바람 소리도
다시 들어봐야 한다

비오는 날이면 메밀꽃이 핀다

오늘같이
비가 그친 뒤 달이 휘영청 산허리에 걸리고
계곡 물소리가 크게 들리면
내 가슴엔 하얀 메밀꽃이 피어난다

방안 가득 머~ 얼리 평창 땅까지
봉평 장터를 넘어가는 고개 자갈밭 사이로
하얗게 하얗게 피어난다

가고 싶다

엉덩이 튼실한 당나귀 한 마리를 구해
목덜미에서 장딴지까지 거무티레 굵은
왼손잡이 녀석에게 채찍을 쥐어주고
그를 앞세워 가야한다

가서
땜 장수 망치소리 엿장수 가위소리
만물장수 구르므통 두드리는 소릴 들어보고

충주집 그 여자 눈인사도 받아봐야 한다

그리고 개울가 물방앗간에 들려
성처녀 속것을 찾아야 한다 그 속것을 찾아
왼손에 들고 동이를 따라 제천 땅으로 가야 한다

* 이효석의 소설 「메밀꽃 필 무렵」의 주인공(허생원) 그는 조금은 부족한 인물로 사는 장똘뱅이였다. 어느날 물레방앗간에서 만난 성처녀와 처음 그 일을 치루고 겁이 나서 도망쳤으나 그 후 역시 장똘뱅이 동이라는 청년을 만나 물이 불어난 개울을 건너면서 확인되는 동이의 출생이야기와 당나귀 채찍을 왼손에 쥐고 있는 동이를 보고 동이가 자신의 친자일 것이라는 확신을 갖고 동이를 따라 제천으로 가는데…….

창가에 핀 목련

창 밖에
길게 뻗은 목련나무
가지 하나

그 끝에 뾰족이 내민 입술
보일 듯 하얀빛이 상큼하다
볼수록 길어지는 나뭇가지

아!
지상을 밝히는 그리움이다

대나무

내 몸이 비어 있는 건
당신의 목소리와
당신을 그리워하는
나의 목소리를 담기 위함입니다

내가 한세월 살아가면서
마디를 맺는 건
우리들의 아름다운 추억을
켜켜이 쌓기 위함입니다

내가
비바람에 꺾이지 않고
올곧게 서 있는 건
당신을 향한 나의 사랑이 성스럽기 때문입니다

내가
날마다 당신을 보고
몸을 흔드는 건
존재와 고귀한 사랑이
아직도 푸르게 살아 있음을 보여주기 위한 몸짓입니다

죽순竹筍

비가 오면
목이 길게 장대같이 자란다
그리워서~
그리워서~

빛과 어둠의 경계도 잊은 채
밤새도록 열병을 앓다가
새벽녘 별 하나 놓칠세라
열꽃으로 솟는다

대추

때를 기다릴 뿐
다투어 나서지 않는다
소리 없이 피어난 작은 꽃이
팽팽한 젊음으로 익을지언정
함부로 칼을 뽑지 않는다

주름 잡힌 얼굴에 윤기가 흐르면
비로소 제왕의 지위에 오르게 되니
삼정승(밤) 육판서(감, 사과, 배)를 거느리고
제사상에 오른다

* 대추는 씨가 하나여서 제왕을 뜻하고, 밤은 밤알이 세 개여서 삼정승이 되며, 사과·배·감 등은 씨가 여섯 개라서 육판서를 의미하여 제사상에 오르는 것이다.

외로움

내 가슴은
황량한 벌판

바람이 불고
소낙비가 내리고

무수히 짓밟고 간
발자국들의 아픔만 있다

어쩌다
그 벌판에
어깨가 축 처진
한 사내가 서성인다

마음의 꽃

비오는 날
연지에 가면

가녀린 꽃 한 송이

언제나 젖은 듯한 눈매
오늘은 더 슬퍼 보인다
무언가 알 수 없는 말을

눈으로
눈으로만 말하고 있다

그 눈망울을 보노라면
나는 차마 돌아설 수밖에 없다

비를 맞으며……

위정자들의 논쟁

소문만 무성했다

누구는 있다고 하고
누구는 없다고 말했다

또 다른 누구는
부정할 수 없는
역사적 기록이 있다고 했다

살벌한 논쟁의 싸움은
민족정신에
애국심
변절자
적색분자
사상과 이념이 다른 놈! 등

좌파와 우파로 편 가르기가 시작됐다
시비는 대를 이어
세대가 지나도록 그칠 줄 모른다

아무리 둘러봐도
남산 위엔 소나무가 없다

달밤에

나는 하릴없이
창문을 열고

바람은 부나?
별은?
달은?
괜한 질문을 하늘에 해대다가
속살거리는 냇물에 머무른다
어느새 마음은
달빛을 따라 유수流水로 흐른다

불심佛心

높은 산 오르는
저 중아
무엇을 짊어지고 가는가?

구법求法하러 가는 길이면
마음만 가져가면 됐지
바랑은 왜?
지고 가는가

동상이몽同床異夢

날이 밝으면
땔나무 하러 가야겠다는 남편과

날이 밝으면
꽃 모종을 해야겠다는 아내는

등을 돌리고 잤다

은산철벽銀山鐵壁

학 한 마리가
두꺼운 얼음 위에서
겨우내 목을 길게 뽑으며
그 속을 엿보았다

이따끔 물살을 가르는
물고기가 보였다

드디어 봄이 왔다
그러나 학은 어디론가
사라지고 없었다

그곳에 가면

오직
한마음으로 들어오라는
일주문一柱門이 있고

당연이 하나인 것을
둘이 아니라고 우기는 불이문不二門이 있으며

무거운 마음을 벗고
죄업마저 소멸된다는 해탈문解脫門이 있다

그곳에 가면
물고기들의 말을 들을 수 있는 목어木魚가 있고
어미를 부르는 에밀레의 범종凡種 소리가 있으며
자식을 잃어버린 어미소 울음소리를 들을 수 있는 법고法鼓가 있다

그곳에 가면
죄 많은 나를 비추어 볼 수 있는 업경業鏡이 있다

향을 사르며

나의
근본과
성씨와
이름과

내가 기도하는 간절한 마음을 담아
정성을 다해 사르오니

부디
깨달음을 이루게 하소서

그대여

산은
먼 산 일수록 신비롭고
그리웁나니……

그대는
내가 멀리 있다고
서러워 말라

허무

어젯밤
은하에서
내 침실에 날아든 새

이 아침엔

새도
나뭇가지도

꿈도~ 바람도 사라지고
몽롱한 파문만 번져가네

우주는 나의 것

산이여!
강이여!
들이여!
바다여!
그대들은 나의 심장

바람과
새
꽃이여!
그대들은 나의 애인

계절에 피어
알알이 영그는
그대들은 나의 벗

하늘은 나의 아버지
땅은 나의 어머니
온 세상 우주는 나의 육신

이별

꽃이여!
이제 떠나가는 꽃이여

아름다운 꽃이여!
너의 눈물이여!

곱디고운
계절을 노래하던 네가
이제는 눈물로 이별코야 말았으니

나는 이제
너를 무어라 기억해야 하며
무어라 이름하여 불러야 하는가

봄비 오는 날

왔다
낙숫물 소리를
전주곡으로 뿌리며 봄비가 왔다

오늘처럼 쓸쓸하게
비가 오는 날이면
그 옛날 다정했던 목소리
따스한 그 체온이 그립다

말 한마디 눈빛에도
진실로 다정다감했던
그 사람

세상은 거짓과 모순투성이지만
그 사람은 정이 많고
이해와 배려의 마음이 하늘이다

오늘 같이
바람이 불고 비가 오는 날이면

우산을 마주잡고 뜨겁게 걷고 싶은 그 사람

그 사람이 그립다

연지蓮池

사월이 오면
연꽃은 파아란 하늘 아래
녹색 나래를 펴고
연분홍 맨살로 앉는다

맑은 빛이 곱디고운 까닭에
하늘의 은총을 한몸에 받았고
단아한 자태는 세상을 평온케 해
생명들의 축복이다

하늘에도
땅에도
고귀한 탄생이 있었던 그날
그 첫 걸음!
걸음 걸음마다
고이 고이 피어난 꽃
부용화芙蓉花

지금은 비밀스런 연지에서

황후처럼 우아하게 피어나

오직
한 방울의 이슬을 머금고
전설의 선택을 기다리고 있다

부처님 열반일에

한겨울
동안거 얼음이 깨지고
개구리가 겨울잠에서 깨어나면
조바심하던 새싹들이
다투어 솟아오른다

2월은 영등 할머니가 버들가지를 들고
바람을 부른다는 계절
오로지 하심하는 마음으로
아래로만 가지를 뻗는 버들가지가
처음으로 달을 향해
하늘을 본다는 보름날
이날은 부처님께서 눈을 감으신 열반일이다

나는 열반상涅槃像 앞에서 향을 사르며
시방세계 일체 영가들의 왕생극락과
이 세상 백성百姓받이 모든 중생들의
평안을 위해 공양을 올렸다

꽃이여! 사랑이여!

철모르고 피어서
지고지순한 사랑이 무엇인지 모르고
철없이 향기를 뿌리다가

벌에게 정조를 빼앗기고
나비에게 희롱 당하다가
추하게 추락하는 꽃이여!

그대가 아름답고
우아하고
품위 있는 것만은 아니다

그 한마디

퍼내고
퍼내어도
줄지 않는 샘물

비우고
비우려 해도
가슴 가득
목까지 차오르는 열기

하고 싶은 말
온종일 부르는 노래
꿈결에도 들리는 신음

당신을
사랑해요!

첫사랑

첫사랑은
잡을 수도 없고
가둘 수도 없는
덫에 걸린 바람
구름 같은 것

나의
심장을 도려내고
뇌리 속을 꽉 채웠다가
예고 없이 가버린 바람

증인도 없고
흔적도 없고
기록도 없다

오직 나의 비밀

지금은 깨어진
찻
잔

오동나무

봄·여름·가을·겨울
사계의 바람을 먹으며
음률을 채우고
빗물을 받아들며
높낮이 곡조를 읊었다

마음의 꽃은 보랏빛으로 피우고
봉황에게만 몸을 맡기는 품격과 지조

매화는
추워도 향을 팔지 않는다지만
오동은
천년을 늙었어도 천지간의 곡조를 간직했다

오동은
하늘을 닮아 갈라지지 않으며
바다를 닮아 속이 깊고 넓고
바람을 닮아 부드럽고 가벼우나
그 소리는 장엄하고 웅대하며

새소리 물소리 비바람 천둥소리

온 세상의 음률을 모두 간직하고 있으니
오동나무는 능히 하늘이 내리신 신목神木이라 할 수 있다

미완의 목불木佛

늙수그레한
목각 불상이 발우鉢盂를 들고 서 있다

멋쩍은 미소
선뜻 내밀지 못하고 있는 빈 발우

한 걸음도 다가서지 못하고 있는
어정쩡한 자세

볼품없이 야윈 유전자는
먼 훗날 내 모습일지도 모른다

봄 눈

얼어붙은 가슴
말 못하고 떠난
이별이 아쉬워
떠난 길 되돌아 오는가

사르르
허물어져 내리는 하얀 변주곡이여!

봄비

우두두두~
지붕을 두드리고
땅을 찍는 빗줄기

어젯밤
야음을 틈탄 침략이었다
예보도 없었고
선전포고도 없는
일방적 공격이었다

이 비극적 난리통에 사라진 새들
새들의 행방을 추적하려 할 때
대지에서 일어나는 소리 없는 저항을 보았다
그것은 민중의 봉기로 하늘에서 땅에서
나뭇가지에서 땅을 뚫고 창문을 박차며
뛰쳐나오고 있었다

아!
저 순수한 저항!

반란!

혁명!

비가 그치면 새 세상이 열리리라

노을

이제 가면
다시는 올 수 없는 시간
마지막 타들어 가는 이별에
새는 외마디
꺼~ 억 울면서 투신했다

아득히 멀어져가는 노을 속으로
침몰하고야 마는 등 굽은 산봉우리

그랬다
나의 할아버지
할머님도 그렇게 가셨다

노을이 지면
이별하고야 마는 까닭에
나는
저 붉은 황홀로 기울어가는 풍경 앞에서
하염없이 눈물이 흐른다

잡놈가囃者歌

기방에 들어
해어화解語花를 옆에 끼고
풍류에 몸을 실을 제
술에 취하고
가무歌舞에 취하노니

화구배花口杯 한 잔에 갓을 벗고
화혜배花鞋杯 한 잔에 넋이 나가고
계곡주溪谷酒 한 잔에 천하를 모르거늘

한량이 이 도에 이르지 못하면 벌주로
화배주靴杯酒를 마시게 되느니 이쯤되야
천하에 잡놈이라 할 수 있겠다

* 해어화解語花 : 말하는 꽃이라 하여 기생을 말함.
화구배花口杯 : 기생 입술에 담긴 술.
화혜배花鞋杯 : 기생의 꽃신에 담긴 술.
계곡주溪谷酒 : 기생의 가슴으로부터 여체까지 흘러 내리는 술.
화배주靴杯酒 : 한량들의 장화(신발)에 담긴 술.

인연因緣

쓸쓸한 가을 들녘
나와 마주친 한 떨기 들국화

그는
나를 옆에 두고도 중얼중얼 한다
나무아미타불!

아! 연화 위의 보배로운 구슬이여!
연화수 보살이여

"옴마니 반메훔"

이 몸은 전생부터 고아였다가
이제사 아버지를 만나 너무너무
행복합니다

"옴마니 반메훔"

지금 이 행복이 꿈처럼 깨어질까 봐

기도하는 주문이란다
그때 나를 찾아온 파리한 들국화 한 떨기
그를 보고 있노라면 너무도 가련해서
포근히 품어 주고 싶었던 인연……

마주하기만 해도
눈물이 그득히 고이는 들국화 한 송이…… 경림이~
전생에 나와 어떤 인연이였을까?
유난히 달이 밝았던 그날도
달빛에 어른 거리던 모습 그 얼굴은
머어언 옛날 윤회 속의 인연 그 얼굴이었다

* 옴마니반메훔唵麼抳鉢銘吽 : 라마 불교에서 외우는 관세음 보살의 진언으로 연화위의 보배 구슬이여! 라는 뜻으로 불 보살을 찬탄해 부르는 신언으로 일체의 지혜와 복덕의 근본이 되는 육자대명주六字大明呪라 고도 한다.
이 진언을 외우면 살아생전에 모든 악귀와 재액으로부터 보호를 받으며 사후에도 천상에 올라 천인天人이 된다고 하며 지혜와 해탈, 복덕을 누린다는 진언으로 마치 나무아미타불의 6자와 흡사하다.

간절한 기도

하늘이시여!
다사다난했던 묵은 해年를 버리고
희망의 새 세상을 열어 줄 대망의
신년 새해年를 주소서

이들이 또 하나의 생명을 잉태 할
달月을 주소서
두 달 넉 달 여섯 달 열 달
차별대로 주소서

하늘이시여!
이들이 태어날 날日을 잡아주소서
사시사철 삼백육십오일
구분 말고 주소서

하늘이시여!
이들에게 시時를 주소서
그리하여 하늘과 땅, 부모와 형제, 벗을 알고
진리를 말言 할 수 있는 시詩를 주소서

일출과 일몰

아침에
나를 찾아와
충성을 맹세할 때
두 손 모아 반기었거늘

저녁나절
어느새 내 등 뒤에서
비수를 꽂으며
어둠 속으로 내몰고 있다

무궁화

보았는가
무한한 번영과
무궁한 복록을 담고
끝없는 삼천리 금수강산
가지마다 피어나는 꽃
무궁화를 보았는가
이별 없이 곁에 두고 있는가

불그레 보랏빛 살결로
밝게 빛나는 아리따운 꽃 무궁화

유난히 솟은 꽃심은
대한 남아의 기상이요
우아한 꽃잎의 자태는
믿음과 지혜와 정숙의 상징
우리의 고고한 유산
나의 어머니!
대한의 딸
나는 무궁화 꽃에서

신사임당, 논개, 유관순을 보았다

모진 비바람 온갖 풍상을 견디며
오직 구국에 몸을 던진 충의 절개로
대한의 역사와 우리들의 고난을 혼신으로 이겨낸
선조들의 처연한 몸짓
세월이 가고 계절이 지나도 변함없는 자태
대한의 꽃

무궁화!

2
訓詩

생이란

생은
바람 같은 것

생은
강물 같아
잠시도 머물지 않고 오고 가는 것

때론
메마른 강바닥 같고
바람이 쓸고 간 폐허처럼
황량하고 고독하다

어느 땐
오색 창연한 꽃이었다가
시들어
아무 색채도 형상도 없는
버려진 화폭 같기도 하다

생은
누군가의 빈자리를 채우고
패인 웅덩이에 물이 고이듯
공간空間을 위해 존재하는 것이다

행복

나에겐
그 누구도 가질 수 없는
묘법妙法의 비밀이 있다

그것은
어떤 왕후 귀족이나 권력자
부호들도 갖을 수 없는 진귀한 보물이다

나에겐
온 우주를 담을 수 있는 지혜의 눈과
태평양 바다를 한입에 마실 수 있는
무량無量의 오장육부가 있으며

세계 어느 학자도 풀 수 없는
대우주의 법칙과 상통相通 교감交感 할 수 있는
간절한 신심과 정성이 있다

그리고 나에겐 사생의 자부이신
부처님께서 항상 내 안에 계심으로

나는 세계 인류평화와 행복을 위해
즐겁게 수행 할 수 있기 때문이다

세계 인류평화와 행복
이와 같은 큰원大願을 세우고
그 목적을 위해 수행하는 나는 날이면 날마다
기쁨이요 행복일 수밖에 없다

부처님께 귀의하신
존귀한 여러분 !
부처님의 정법正法으로 정의正義롭고
자비慈悲롭게 세상을 밝혀 신다면
당신의 명성과 당신을 경애敬愛하는 마음은
천리에 덮힐 것입니다

그리고 어둠은 사라지고 악은 스스로 물러가고
자신과 더불어 모든 이들의 죄업도
말끔히 씻겨져 천상천하가 모두 청정하고
행복한 정토淨土가 될 것입니다

부처님께 귀의하신 여러분은
나라의 보배요
세계 인류의 보배요
전생과 현세, 내세에 까지
삼세三世의 보배이십니다

우리의 진정한 행복은
재산도 아니요
사회적 지위도 아니요
넓은 땅이나 호화로운 저택을 가진 것도 아닙니다
그것들은 가지면 가질수록
근심 걱정과 탐심貪心만 들어 불행을 가져오며
끝내 사라져버릴 환상일 뿐입니다.

심법心法이란
마음이 가장 중요하다는 부처님의 가르침인
불법의 진수 중의 보배입니다

여기까지 부처님의 가르침을 읽어주신 여러분
여러분의 그 모습은
참으로 위대한 부처요 보살의 행동이요 마음입니다

비가 오거나 바람이 불거나
우리는 이 우주의 변화에도 감사해야 합니다
우주의 법칙은 반드시 이유와 까닭이 있기 때문입니다

부처님께 귀의하신 여러분
우리가 행동하는 일거수일투족一擧手一投足
우주의 별과 지상에 살아있는 모든 생명체들
심지어는 꽃, 나무, 풀잎들까지 우리의
모든 언행을 보고 듣고 있음을 알아야 합니다

우리는 우주와 부처님의 진리와 법칙을
조금도 어긋나지 않게 정도正道를 걸어야 합니다
우리는 매일매일 기쁘게 태어나서 행복해야 합니다

공空

그것은
본디 없다는 것
색도 형상도 없이 비었다는 것

그래서 가벼우며
더러움에 물들지 않고
다툼이 없으며
어떠한 그물망에도 걸림이 없는 것이라고
부처와 조사는 그렇게 가르쳤다

그러나 나는
배고프면 먹어야 하고
사람이 없으면 쓸쓸하고 고독하다
돈이 없으면 불안하고 있으면 더 갖고 싶고
큰 법당에 많은 신도를 거느리며
세상 많은 불자들에게 존경받는 큰 스님이 되고 싶다

그러나 나는
내 존재에 대한 의심과 내 실상實相에 대한 고민과

그 가치를 인정받지 못해 늘 초조하고 불안하다
매일같이 물을 퍼내듯 마음을 비워내지만
그럴수록 하고 싶고 갖고 싶고 참견하고 싶은 탐욕이 새록새록 차오른다
심지어는 남의 집 담장 너머에 핀 흐드러진 꽃과
남의 밥상까지 기웃거린다

공空이란
비우면 비워지는 공간이 아니라
채워도 채워도 채울 수 없는 무한의 공간空間이 아닌가
공수래공수거空手來空手去라……
오늘도 번뇌의 망상속에 두 손을 쥐었나가 펴본다

수심水心

기왕지사 떠났으면
물처럼
세월처럼 가라

앞서가는 사람을 추월하지 말고
곁에서 끼어드는 사람과 다투지도 말라
더럽혀진 그의 과거에 대하여 묻지도 말고
출신이나 근본에 대하여 알려고 하지 말라
계곡의 맑은 물이 오염된 하천물과 어쩔 수 없이 섞이듯
그렇게 섞이며 가라

오를 수 없는 언덕에 오르려 애쓰지 말고
산을 만나면 지혜롭게 돌아가고
낭떠러지를 만나면
추락할 수 있는 용기도 배우며
그냥 그렇게 낮은 자세로 가라

가다가 여유로워지면 쉬어가고
목마른 자가 있거든 베풀며 가라

겨울이 오면 얼어주고
봄이 오면 녹아주고
여름이 오면 여유로워지고
가을이 오면 스스로 맑아지는 인내와 지혜로

샘물같이 맑고
바다같이 넓은 마음으로
물처럼 살라

이 뭣꼬?

이것이 무엇인고?
대사께서 주장자를 수평으로 번쩍 드셨다
대중이 말이 없자 대사께서는 주장자를 세워
법상을 내려치셨다
이것은 무엇이며 이 소리를 들었는가?
보고 들었으면 말해보라……!
대사께서 다시 주장자를 수평으로 드시고
이것은 높고 낮음이 없는 평등이요
시작과 끝이 없으며 고요한 경계이다
대사께서는 주장자를 수직으로 세우시고……
또 이것은 무엇인가?
이것은 과거와 미래 현재 삼세를 말함이요
하늘과 땅 천지의 본으로
시작도 끝도 없느니라
허나 이 또한 무상無相이니
보았다 해도 본 것이 아니요
들었다 해도 들은 바 없으니
이것이 무상無相이로다
그러나 생명이 있는 중생에게는 마음의 자성自性이 있으니

그 자성 가운데에는 팔만법장八萬法藏이 구족해 있어
삼신三身인 법신과 보신 응신이 있고
사지四智인 성소작지成所作智와
묘관찰지妙觀察智 평등성지平等性智
대원경지大圓鏡智의 지혜로 불과佛果를
증득 할 수 있으니 성인聖人과 중생의
차이와 분별이 없으며 모자람도 다름도 없다
스스로 갖추어져 있으므로 중생이 성인이 될 수 있으며
성인이 중생으로 추락 할 수도 있는 것이다
이 성품은 주장자와 달리 형상刑象이 없어
나타내지 못하며 제시하지도 못하므로
언어로 말하지 못하며 묵언으로 통히지 못한다
가고 머무르고 앉고 놓고 말하고 침묵하고
움직이고 고요한 것이 육근이 상대하는 보고 듣고
깨닫고 아는 것이 자유스럽고 걸림이 없어
모르는 것이 없는 까닭이다
모든 부처님께서 이 세상에 출현하신 것은
이 마음을 전하기 위해 오신 것이다
이름과 형상을 쓸 수도 그릴 수도 없는 것이

한마음一心이요 이것을 자성自性 또는
한물건一物이라고 그 마음이 하는 일을
일대사一大事 또는 본 분사本分事인 것이다
사람에게는 삼신三身의 몸이 있으니 하나는 형상인 육신이요
또 하나는 보이지 않는 심신心身이요 하나는 빛에 따라
나타나는 응신應身 그림자이다
그렇다면 이 세 가지 삼신三身 중 참 인 진아眞我는 누구인가
그것은 당연히 마음心인 것이다
마음이 혼란스러우면 육신이 혼란스럽고
마음이 고통스러우면 육신이 고통스럽고
마음이 자비로우면 육신의 언행이 자비롭고
마음이 청정하면 육신이 깨끗하고
마음이 탐욕스러우면 육신이 삿된 짓을 하게 되는 것이다

천지인天地人의 도道

내가 이 몸身을 지니고
혼魂과 백魄이 아니고서야
어찌 나라고 할 수 있겠는가

혼백은 하늘 일월의 정기精氣요
몸은 땅으로부터 받았으니
어찌 모나고 날카로우며 거칠고 사나울 수 있겠는가
근본을 알아 자신을 맑고 청정하게 하여
천지에 부끄러움 없이 살아야 할 것이로되
한 번 깨어진 거울은 다시 붙여도 갈라져 보이고
자신의 몸에 한 번 흠이 생기면 상처가 남는 법
사람들은 어찌 이를 깨닫지 못하는가

하늘의 문이 열리고 닫혀 밤과 낮이 있거늘
어찌 들고 남의 때를 가릴 줄 모르는가
그대들 아버지가 하늘이요
어머니가 땅이니 우주 법계와 하나로
이미 세상의 이치를 통달하였고
모르는 바 없거늘 탐욕에 눈이 어두워
길을 잃지 말라

내관선內觀禪

맑고 생생하게 깨어있기 위해서는
고요한 가운데 자신의 몸과
마음을 관찰해야 한다
그러기 위해서는 평온한 장소에서 가부좌하거나
의자에 앉거나 관계없이 등을 곧게 펴고
머리도 반듯하게 세워서 머리의 정수리 내회혈과
목뼈 등뼈가 꼬리뼈와 함께 항문까지 수직으로 앉은 다음
눈은 감거나 반쯤 뜬 눈으로 전방 1~1.5m
전방 바닥을 내려 보고 혀는 입천장을 향해
구부리되 침이 고이면 그대로 자연스럽게 넘긴다
이러한 자세를 취하기 위해 긴장하거나
수고로이 애쓰지 말며 긴장을 풀고 호흡을 크게 들숨 날숨 하다가
호흡을 의식하지는 말고 자신의 내부內部
즉 오장육부 머리 등 각종 기관의 움직임을 들여다보는 훈련을 한다
예를 들면 호흡할 때에 배가 나오고
들어가는 것을 의식하고 마음으로 관찰하고
눈·귀·코·입 등 다른 기관의 움직임과 기능을 점검하듯

관찰하다 보면 모든 신체의 기능이 건강해지게 된다
이러한 내관수행법은 좌선으로 익혀진 다음
걸으면서 하는 수행으로 크게 발전시키되
조용한 자비행은 자신의 심신을 청정 자비롭게 다듬어 낸다
예를 들면 행선行禪하는 동안 걸으면서
돌부리를 만나거나 사람을 만나면 우선 멈춤 돌아감 양보함 등의
명령법을 사용함으로 해서 자신을 조용하고 부드럽고 예의 바른 사람으로
성숙시킬 뿐 아니라 온갖 잡스런 질환이나 정신적 고통도 일어나지 않게 된다

성불成佛의 길

불문佛門에 드는 것이 위대한 것은
일체를 떠난 것이고
계행戒行이 구족하면
그 위력 또한 대장부라 태산도 넘으리라

날으는 새가 날갯짓 하나로 가벼이 날 듯
비구는 의발衣鉢 하나로
공양 빌어 계행으로 정진하면
삼생三生의 죄업도 잔설같이 녹으리

제 뜻대로 오가지 못하는 망아지
고삐 풀리면 자유롭듯
비구들 오욕을 벗고 번뇌사슬 풀고
선정 삼매 한목숨 바쳐 살면
생사의 도를 넘어 안온히 성불하리라

바른 도道 행한 자는 복된 터전을 얻고
깨달은 공덕 앞에 자비로이 보시하면
최상의 복해福海를 얻어 천상 복락 얻으리라

비구는 알고 또 알아서 명심하라
그대가 석씨釋氏 자손으로 태어났고
이제 아비를 찾아 따르고 불법佛法을 이어가는
법행法行은 선정 지혜로 해탈의 봄春을 얻으리

비구는 들거라
성인법에 육방六方 예배법이 있으니
동방東方은 양친 부모요
남방南方은 스승이요
서방西方은 처자요
북방北方은 친구요
하방下方 노복과 아랫사람이요
상방上方은 사문을 예배하는 곳이니라

신목神木

나무는
뿌리를 뻗어 자신을 지탱하고
그 수 만큼이나 가지를 뻗어
가지마다 순을 내는데
눈을 뜨는 만큼 세상을 살핀다

그리고
천기天氣와 지기地氣를 얻을 만큼 잎을 낸다
나무는 하늘을 향해
솟구쳐 자라지만 팔을 벌리 듯
가지를 뻗어 균형의 조화를 이루는데
그것을 도道라 할 수 있으니 중도中道이다

때로는
바위틈에 몸을 의지했거나
경사진 곳이나 낭떠러지에 몸을 의지한 나무는
그 환경에 따라 뿌리와 가지를 뻗어
절묘한 예술적 조화와 지혜를 보인다
그것 또한 도道라 할 수 있으니

선도仙道요
예도藝道라 할 것이다

나무는
그 어떠한 경우라도 불평불만이 없으며
경쟁자를 만나면 스스로 승복할 줄 아는
절대적 무도武道의 정신도 있다
꽃으로는 천지를 기쁘게 하고
열매 과실로는 모든 중생들을 위해 차별 없이 베풀며
향기로는 천인 신선들의 경지를 향기롭게 한다
나무는 천지天地간에 교통交通 교합交合함으로
신목神木이라 할 수 있으니
하늘과 땅과 인간에게 은혜로운 것이다

선차禪茶 예찬

"차 맛을 아는 그 한 물건이 무엇인고……?"
"차나 한 잔 마시고 가거라……"

그 옛날 조주스님이 자주 쓰시던 말씀이다

선禪에서는 차를 진여眞如라 한다
조용히 참선하고자 할 때는
맑은 차를 마시면서 고요히 자신을 찾는다

차향은 화두를 들고 진성眞性을
찾고자 할 때에는 지름길로 인도한다
차는 선열禪熱을 다스려 주는
선미禪味를 맛 볼 수 있어
그 옛날 다각茶角이 권하기를 밥을 한 끼 굶어도
차를 굶어서는 안된다고 했다

차의 본성本性은 향취와 냉각성冷却性을 함용한다
그러므로 수행하는 사람은 머리에 열이 나게 되는데
이때 차를 마시면 열이 식고 심신이 안정되는

선미仙味를 느낄 수 있는 것이다

차는 심신의 안정뿐 아니라 자신을 고요한 자연과
일체를 느끼게 하는 신묘한 마력도 지녔다
그러므로 차는 붕어가 물 마시듯 마시는 것이 아니라
마치 병아리가 물 마시고 하늘을 보듯
진정한 차맛과 차향을 음미하면서 감상하고
차와 하나가 된다는 마음으로 이슬을 대한 듯
다선일미茶禪一味의 도道를 체득해야 한다

"구름 걷힌 하늘 세상이 맑으니
네 마음 또한 맑고 밝도다
봄이 오면 온갖 꽃이 피고 차향이 그윽하니
세상이 환희롭고 성이 깊어 꽃과 나비 함께 나네"

차를 대함에는 정이 깊어지고
주객간에 마음이 열려
인정미가 흐르고 대화가 정겨워진다

차를 마시다 보면 질병이 사라지고 피로가 회복되며
천지간에 모든 행동이 바르고 고결 청빈하며
마음이 안정되고 진리의 눈을 뜨게 한다

온갖 꽃피는 세상 만물이 모두 즐기고
오곡 채소 과실이 풍족해도 차 맛이 제일이니
고요하고 밝은 세상 다도로써 이루니

차만 즐겨도
건강한 일생 보내리다

명당 예찬과 풍수風水의 길흉

주산主山은 옥좌에 앉은 제왕 같고

청룡靑龍은 마치 용이 승천하듯 그 기상이 높고,

혈처穴處를 감싸 안아야 하며

백호白虎는 호랑이가 머리를 조아리고 앉은 듯해야 하고

주용主龍은 살아있는 용이 꿈틀대듯 내려와

거북의 형상으로 앉거나 둥근 박이나 알처럼

혈穴 맺어 마치 닭이 알을 품고 있는 듯 한가운데

좌우에서 흐르는 물은 청룡과 백호자락이 희롱하며 즐기듯 풍족해야 하며

안산案山은 마치 군신君臣간에 조례朝禮하듯 낮은 자세로 엎드려 조응照應해야 하며, 그 앞에는 너른 들판과 유유히 흐르는 풍만한 강줄기의 노님을 안고 있어야 하며,

안산案山뒤 조산祖山은 군왕에게 조복하는 무리들이 물결치듯 몰려드는 땅이야 발로 군왕지요 천하대지 명당이라 할 수 있다

혈처穴處 명당의 토양은 마땅히 밝은 황토색으로 거칠지 않고 부드러워야 하며,

갈라진 암반이나 주먹돌이 나오거나 서 있는 입석立石이 즐비하면 화를 당할 것이요,

수맥水脈을 끊으면 절손하리니 이를 잘 살펴야 하며 정오에 해가 당판堂坂에 멈추어야 일월이 명랑한 천하대지 명당이라 할 수 있다.

양택지陽宅地 집터는 산맥이 밀고 내려오는 끝자락은 사고 또는 인명 손실이 많고, 정신질환과 요절할 수요,

저수지나 우물, 산소 자리를 메워 집터로 쓰면 잡스럽고 괴이한 일이 많다.

산허리를 잘라 절개지에 쓰면 우환과 억울한 일이 많이 겪게 되며, 자살, 홀아비 과부가 나며, 고목이 서 있던 터는 필경 사람이 상한다

집터는 음기가 없어야 하며, 흐르는 물이 집터로 들어오면 망신과 재물의 손실이 많으며,

아궁이에 불이 내거나 가스가 집안에 차는 집은 음기가 탁해 귀신의 액을 당하기 쉽다

집터 좌측에 개울이 있으면 장자 장손가들에 패망이 따르고, 우측에 개울이 있으면 가출하는 며느리나 여식에 병액과 산란함이 많다

대문 밖에 내가 흐르면 절손할 수요, 고목이 지붕을 덮으면 가주가 일찍 죽고,

담장이 무너지면 홀아비 과부가 나며,

서까래가 부러지면 자식의 손실이요, 기둥이나 대들보가 부러지면, 가주나 장자의 손실이며, 주방에 쥐나 짐승이 시끄러우면 여난과 구설이 따르고, 천정에서 괴이한 소리가 들리면 초상이 날 징후이니라

3
禪詩

그림자

몸은 하나련만
몸뚱이 말고 생각을 키우는
너는 누구인고

형상도
색상도
냄새도 없으니 알 수가 없네

어느 땐 머릿속에 있는 듯하고
어느 땐 가슴속에 있는 듯하여
두드려 보아도 종적을 알 수 없네

배를 만지면 뱃속에 있는 것 같고
손을 들여다보면 손바닥 안에 있는 듯하고

꽃을 보면 그곳에 가 있는 듯하고
밥을 먹다 보면 밥 속에 있는 것 같으니
도무지 나는 누구이며 어디에 있는가
돌연 생각하다 보면

나를 따라 다니는 저 녀석은 또 누구란 말인가
충실하기가 내 강아지 복슬이처럼
온종일 따라다니다가
잠자리에 누우면 따라 눕고
불빛 아래 앉으면 따라 앉으며
온갖 내 흉내를 내고 있으니
도대체 이놈은 또 누구란 말인가

꿈

色은 연꽃 같아야 하고
受는 숨 쉴 수 있는 은혜로 족해야 하며
想은 날으는 새의 깃털 같아야 하고
行은 고요한 호수와 같아야 할 것이요
誠은 하늘과 같아야 할 것이다

꽃방석

見 보았는가?
性 들었는가?
成 알았는가?
佛 알았으면 꽃방석에 앉으리

끝없는 번뇌

끝없는 망상과
번뇌는 나를 적신다

망상은
산으로
바다로
도회지 뒷골목 쓰레기더미에 나를 버린다

그렇게 죽었다가
죽비소리에
일어서면
나는 또 부처를 찾아 허공을 더듬는다

설산 아래……
갠지스 강이 보이고
강 건너 보리수 그늘 새벽별이 보이다가

숭산 달마굴을 들여다보고
혜가의 팔 하나를 찾다가

조계에서 육조를 헤아려 본다

보리수나무도 심어 보고
거울도 닦다가
보리수를 베어버리고
면경대를 부수어 버린다

깃발을 흔들어 보기도 하고
깃발 따라 춤을 춘다

꽃을 들어보기도 하고
가섭의 미소를 닮아본다
없다
설산에도
갠지스 강에도
보리수 그늘 아래에도 그는 없다
영산회상
십대제자 가섭에서
아난에게 물어봐도 그는 없었다

조사왈祖師曰
“자성自性이 본성本性이요
본성本性이 불성佛性이니
자신을 밖에서 구하지 말라” 했으나

그는 내게서
너무 멀리 있는가 보다
먹물 속 고요가 흐른다
아주 오랫동안……
침 넘어가는 소리
우주가 깨어날 때

나의 머릿속에 있을 령靈과
삼혼三魂
사신四神
칠백七魄
내 몸속을 다 뒤져도
내게 불성佛性은 없다

선문답禪聞答

문聞

자신의 마음속에 있는 것을
굳이 남에게 물어 무엇하겠는가

답答

쓸데없는 변명 군더더기 뿐인
말장난을 왜 듣는가

선禪

좌선하다 보면 달은 절로 뜨고
호수는 달을 품는다네

공수래공수거空手來空手去

빈손으로 왔으니
갈 때도 빈손으로 가라

시간을 되돌린다는 것
다시 되돌아 간다는 것

가다 보면 처음의 자리
그곳으로 돌아간다는 윤회

그러나 태어날 때 빈손은 아니었다
누구든 어미의 뱃속을 나올 때
주먹을 불끈 쥐고 태어난다

그리고는 천지가 놀라도록 울어댄다
그 울음 속에 깃들어 있는 분노는 무엇일까
불끈 쥔 손안에 숨겨진 운명의
비밀은 아무도 모른다
주었다가
빼앗는 것

그것은 조물주의 큰 실수였다

인간이 죽음 앞에서
두려운 건 빈손으로 먼 길 떠나기 때문이요
죽음 앞에서 삶에 대한 미련이 남는 것
태어날 때 갖고 온 그 무엇에 대한
미련 때문이다

선禪으로 들어가는 길

선禪은 불교 수행의 한 방법이요 방편이긴 하나 인간 내면의 평안과 평정을 통해 대우주의 진리와 지혜를 얻어 행복한 삶을 얻고자 하는 것이다

선禪은 집착과 번뇌 망상의 타파를 전제로 한다

일체만물은 인연의 원인으로부터 생기므로 인연이 흩어지면 적멸寂滅로 돌아가는 것이다

생기고 소멸하고 분리되고 합쳐지는 것은 마치 뜬구름이나 번개와 같아서 탐욕을 부리거나 집착할 필요가 없다

얻어서 소유하거나 쟁취해서 소유한다든지 많은 사람들과 인연을 맺는다든가 하는 것은 결국 내가 짊어지고 갈 무거운 짐이 될 뿐이다

속을 비우고 짐을 벗었을 때 인간은 가볍고 편안하며 자유로운 것이다

선禪은 지혜를 말한다

외부로부터 물들기 쉬운 욕심을 버리고 맑고 맑은 자신의 본성本性 즉, 자성自性을 회복시켜 주변 세간에 얽혀서 끄달리

는 불안과 초조함을 없애고 당당하고도 마음이 여유롭고 넉넉해야 한다

선禪은 자비를 말한다
크고 넓은 관용의 마음으로 세간의 인생사 일을 대해야 한다
사물에도 집착하지 않고 자신에게도 집착하지 말고 자신은 물론 주변 사람이나 모든 환경에 자연스럽게 융합하여 일체가 되어야 한다

선禪은 모든 사물과 중생들의 생명과 그 존재를 존중하고 소통하며 함께 호흡하며 자신의 몸과 같이 보살피는 것이다

사성제四聖諦

탁마琢磨 한다는 것은
자신을 조금씩 죽이는 일

탁마琢磨 한다는 것은
자신의 오장육부를 조금씩 도려내는 일

탁마琢磨 한다는 것은
자신의 머리를 풍선으로 만드는 일

탁마琢磨 한다는 것은
자신의 권리와 의무를 조금씩 포기하는 일

선방禪房에 뜨는 달 하나

"문 밖에 무슨 소리……?"

"문고리 잡는 소리입니다……"

"나가려거든 뜻대로 하려무나"

"스님께서 나가시려구요……?"

선방禪房에 뜨는 달 둘

빈손에 채찍을 들고
걸으면서 말을 탔다
사람이 다리 위를 걷는데
달은 흘러가도 물은 흐르지 않더라

선방禪房에 뜨는 달 셋

화창한 봄 동산에 풀이 돋으니
옛날 구름 한가로이 다가오네
그대 다시 소를 찾을지라도
소는 다시 풀을 찾아 떠나리니
고삐를 단단히 잡으시라

발심發心

부처 앞에서 마음을 낸다
처음 염주알을 돌릴 때처럼
초발심시변정각初發心時便正覺을 회상回想한다

자신을 다 비워야 비로소 평안과 자유
꽉 찬 이치를 알게 된다는 법
"낮말은 새가 듣고 밤말은 쥐가 듣는다는 말 "
그것은 새라 해서 새가 아니고
쥐라고 해서 쥐가 아닌 우리가 사는
우주법계의 귀와 눈을 말하는 것이다

말 한마디 실수로 자신은 물론
여러 사람을 괴롭게 하고 불화의
씨가 되어서는 아니된다

호국불교란 말로만 하는 것이 아니라
현실 앞에서 행동하는 양심으로 자기 자신을 지키고
주변을 청결하게 하는데 솔선하고 나아가
사회를 정화하는데 베풀 때에는 자비로워야 하고

불법과 국법 누군가를 보호해야 할 때에는
청룡도검青龍刀劍을 쓸 줄 아는 것이 진정한 호국불교이다

불교는 살기 위해서 살아서 하는 것이지
죽기 위해서 죽어서 하는 것이 아니므로
먼저 자신의 품격을 높이고 품행은 단정하고 청정하게 한
다음 하심하는 마음으로 남을 공경하는
선행의 수행만으로도 참다운 불교라 할 수 있다

죽어서 왕이 되는 일곱가지 선행善行

* 그대는 부모님은 지극히 모시고
효행하라

* 그대는 어른을 공경하고 그분들에게
어려운 일이 있으면 수족이 되라

* 그대는 일생 바르고 고운 말을 쓰며 거짓을
말하지 말고 남을 비방하지 말라

* 그대는 타인을 이간질하지 말고 남을 속이지 말라

* 그대는 평생 자비를 베풀며 가난하고 병든
사람을 가족 돌보듯 하라

* 그대는 일생동안 진실한 행동만을 한다

* 그대는 일생동안 화를 내지 말고
물건을 파괴하지 말고 살생하지 말라

4

追慕詩

성철스님 열반에 부쳐

아!
무너진 산이여!
가야산 이여
어찌하오리까!

당신을 부르던 산山은 갔으니
이제 누가 그대 이름을 산이라 부르리오
어릴 적 건너던 달천강
그 실개천을 강이라 불렀던 님은 가셨으니
이제 누가
산을 산이라 하고
물을 물이라 말 할 수 있겠는가?

조각조각 법의法衣를 꿰매 입은 누더기
가야산 자락이 장삼長衫 소매요
바람조차 없어 스스로 선풍禪風을
날리우던 눈썹

부질없이 왔다 가신 발자취

피어날 때는 봄 꽃이로되
질 때에는 낙엽처럼
산산散散이 가더이다

님 가신 뒤 가야산 달이 뜨면
님이 오신 줄 아오이다

유월 현충일에

아들아!
대한의 아들!
꿈을 빼앗긴 꽃들

잘리워진 허리춤
그 고통 오천 년을 거슬러 오르고
찢겨진 깃발 아래
총성이 멈추었어도
영혼들은 아직도 한이 남아
동작나루 한강변을 떠돈다

차갑게 박힌 비석
통곡으로 새겨진 비문 하나하나에
소녀의 흐느낌이 박혀 있고
어미의 뜨거운 눈물이 고여 있다

비문 아래 놓인 꽃들
나비 몸을 빌어 하늘에 닿아도

아!
갈 수 없는 38선
너희들의 전장 155마일
피의 고지 생각만 해도
내 가슴이 찢어진다

보아라
저 강물을 보아라
바람도 없고
물살도 없는 너희들의 한강을 보라

이제는
편안히 고이고이 잠들어라
대한의 아들……
내 아들들아!

유월의 꽃

아시는가
아리수 저 푸른 강물에 물어보라
우뚝 선 저 충혼탑을 맴돌고 있는
하얀 나비에게 물어보라

선혈이 낭자한 채
처참히 뒹굴던 젊음이
오늘에야 정연히 일어선
저 비석들에게 물어보라

그날
어찌하여 님들은 갔으며
장미꽃은 꺾이었는지……
155마일 이름 모를 골짜기
주인 잃은 구멍 뚫린 철모, 사이에 피어난
들꽃의 애절한 사연을 들어 보라

사랑하는 님을 향해
고이고이 간직했던 꽃씨 하나

그리움을 참다못해 얼굴을 내민 가녀린 꽃 한 송이

그대들은 보았는가
들었는가
고요한 새벽
별들마저 놀란 총성이
사랑하는 내 조국의 허리를 동강 낼 줄이야
몰랐으리
하늘도 몰랐고 땅도 몰랐으리라
결코 적이라 할 수 없는 동족상잔
그것은 슬픈 이념의 역사
아직도 아물지 않는 상처

유월의 태양 아래 못다 이룬 조국 사랑의 목마름으로 피어난
붉은 꽃이여
유월이면 비문을 되새기며 피어나는 눈물의 꽃
죽어서 더 아름답고 향기로운
꽃이여 꽃들이여

유월의 통곡

유월……
파아란 대지 위
종달새는 노래하고
산하山河는 처처에 꽃을 피우고
강물은 춤을 추고 있었다

이른 새벽
…… 어디선가 들려온 총성!

산짐승도 놀라고
새들도 놀라 날개를 잃었다
초원은 짓밟히고
산하山河는 갈기갈기 찢겨 선혈이 낭자했다

총성이 뚫고 간 허리춤
이름 모를 어느 골짜기에 쓰러진 병사
가슴속 움켜쥔 그 사연
“아! ……달이 너무 밝아 외로운 이 밤
님이시여 전선에도 달이 떴나요?

그 달빛 속에 나의 얼굴도 보이시나요……?”

피멍 든 수첩 사진 속의 소녀
그 소녀의 미소……
소녀의 기다림을 누가 달래줄까……?

기~ 이~ 인 철조망 가시 끝 155마일
님의 사연 따라 그곳에 가면
총성이 뚫고 간 이념의 허리춤

구멍 난 철모 사이로 얼굴 내민 하얀 들꽃은
백발의 소녀 끝없는 기다림의 원혼인가?

유월이면……,
소낙비처럼 간간히 들려오는 소리……
저 소리는……
어미의 젖가슴을 더듬는 비문의 절규인가
기다림의 지친 소녀의 흐느낌인가

아직은~
아니 결코 지워질 수 없는 우리의 상처
그날 군홧발에 짓밟힌 소녀의 꽃은
삼백예순날 시들 수 없는 꽃이여!
비문의 절규여!
유월의 통곡이여!

10월의 꽃

—국군의 날 기념 축시

기이인
철조망 가시 끝
님의 사연 따라 그곳에 가면

총성이 뚫고 간 이념의 허리춤
구멍 난 철모 사이 얼굴 내민 들꽃들은
백발의 소녀 끝도 없는 기다림의 원혼들인가

그해 여름 소낙비처럼 간간이 들려오는
네 어미의 어미, 비문의 절규가
아직 지워지지 않은 우리들의 역사 시간

결코 잊을 수 없다마는
아들아 아들들아
배달겨레 正流의 혈맥에 피어난 화랑은 살아있다

신의와 청렴 의지가 승화된 오천 년의 역사와 함께
그대들은 차라리 우리들의 미래
삼백예순날 시들 수 없는 면면이 피어나는
10월의 꽃들아

한마음 선원 대행 비구니 열반에 부쳐

아!
님이시여
사랑하는 나의 님이시여
꽃같이 곱고 향기롭던
님이시여!

맑디맑으신 인품
자애로우신 미소 큰 걸음 걸음마다
따스한 손길 정이 많으셨던 님은
국화처럼 떨어지셨네
말없이 가신 님
어찌하여 낙엽 지듯
당부의 말씀 하나 없이 가셨나이까

님께서 아니 계신 이 겨울
세찬 바람 차디찬 눈설을
어찌 감당하고 견디오리까 ?
떨어지는 낙화를 바라만 보았던
저희들의 불효와 불충을 용서하소서

님이시여 !
하늘은 칠흑 같고
구름 한 점 없사오니
어찌 빛을 바라오리까 ?
강물도 멈추었고
꽃들도 시들었습니다
촛불은 님의 호흡에 흔들리고
향연은 쉼 없이 피어오릅니다

님이시여 !
저희는 어디로 가야 합니까?

대행보살大行菩薩이시여
부디 고단하셨던 이승의 모든 인연 잇으시고
왕생극락하셔서 대광명大光明의
빛으로 오소서

동행

파도여!
아!
대한해협……
생각만 해도 설레이는 바다
허물어진 담장 너머로 익숙했던 얼굴들이
이따금 낯설게 느껴지는 건
너 바람 때문인가
그대 파도 때문인가

"금산 정영金山 政英 가나야마 마사히데
당신은 누구시오"

1968년 박정희 대통령께서 내민 그 거울 앞에서
주일 한국특명 전권대사가 되어
대한해협을 넘나들던
금산 철인金山 鐵人 가나야마 마사히데
당신은 유능한 외교관이요 진정한 일본인으로
우리 한국인의 동반자요 평화의 사자였습니다

당신은
아름다운 동행으로 오늘의 대한민국을
세계 철강 강국으로 우뚝 서게 한 우리 대한의 친구였습니다

지금도
힘찬 동력의 쇳소리가 들릴 때면
우리는 가나야마 마사히데
당신과의 아름다운 동행을 기억합니다

선조가 묻힌 고국의 산천을 두고
우정의 나라 친구의 품에 묻힌
당신의 한국 사랑은
눈물겹도록 우리를 감동케 했습니다

당신과의 아름다운 동행
그 추억은 우리 한국인 가슴속에 영원할 것입니다

대한민국 독도

—독도 수호 월간지 수록

아! 독도
듣기만 해도 가슴이 뭉클한
그리운 섬
애틋한 안타까움
괜시리 미안한 마음이 앞서는
동해~ 저~ 편
외로운 섬 하나

우리는 왜! 그 작은 섬 하나를
멀리 두고 그리워 하는가

우리는 왜! 그 작은 섬 하나를
변방에 파수꾼으로 둔 채 어쩌지 못하는가
우리는 왜! 가련한 그가
왜구의 무리들에게 조롱당하고 있는 모습을 보고도
바라만 보는가
나는 오늘도
가슴이 저미어 오는 애틋한 정으로
독도를 품는다

5
祝詩

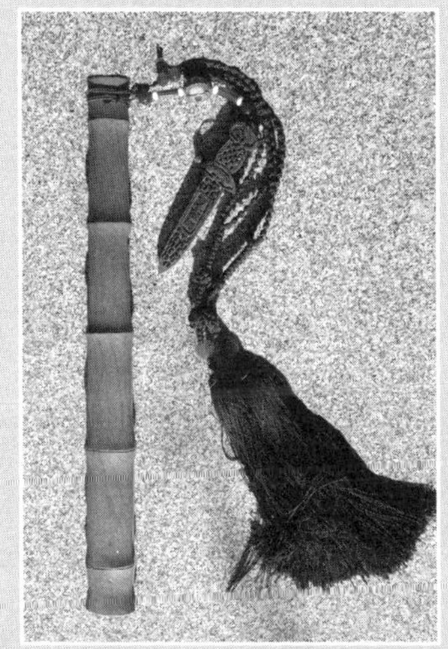

사랑으로 하나 되어

—결혼식 축시

금강석의 햇살 내려 온 누리가 축복하는 오늘!
진실을 나누며 다져온 우주의 인연이 더없는
사랑의 한 쌍이 되었구나

든든한 아들아! 사랑스런 딸 같은 며늘아!
결혼은 자신의 반쪽을 찾은 것이다
서로 다른 가정에서 자란 두 사람은
이제부터 작은 틈새도 맞추기 위해 노력해야 한다
결혼은 온전한 사랑을 이루기 위한 과정이기에
언제나 서로에게 보살핌의 거울이 되어야 한다

상록수의 의지로 서로의 마음밭에
깊게 뿌리 내리고 정성을 다해
날마다 새로운 꽃 피우거라
만족한 보금자리는 주어진 것이 아니라
둘이 손잡고 만들어 가는 것이다

진실한 사랑은 행복의 근원이고
생의 파도를 헤쳐나가는 힘이 되는 것이다

바다가 모든 것을 포용하며 스스로 정화하듯이
서로에게 이해와 배려의 바다가 되어야 한다
살다보면 파도가 심하게 치는 날도 있겠지
파도가 높을수록 둘이 하나가 되면
가장 지혜로운 항해사가 될 수 있단다
봄날의 신랑 신부는 더욱 아름답구나!
자랑스런 아들 사랑스런 딸, 며늘아!
이 자리에 오신 귀하신 분들의
축복의 언어를 마음 깊이 새겨

땅에서 피어오르는 연리지처럼 하늘을 나는 비익조처럼 혼자서는 아무것도 할 수 없는 아낌없는 사랑으로
서로를 받쳐주는 그런 부부가 되어라

며늘아! 아들아!
이제 너희 둘은 하늘이 맺어준 최상의 배필임을 알라
대대로 이어온 자랑스런 양가 가문의 결합이
더욱 빛나도록 행복한 부부가 되는 것이
진정한 효도임을 잊지 말거라

양가의 자랑스런 후손답게 당당하게 멋지게 출발하여라
두 손 꼭 잡고 날마다 오늘 같은 내일을 꽃 피우는
사랑의 보금자리를 만들거라

화창한 봄날 계절마저 온갖 꽃으로 축복하는 오늘!
모두가 보내는 갈채 속에 영원히 행복하여라
서로의 믿음으로……
사랑으로……

신행등信行燈

그날
선비士가
마음心이 열려 가사袈裟를 걸치고
수미산에 올랐다

빛을 볼 수 없음에
구산팔해九山八海를 구겁九劫이나 돌아
눈眼을 떴을 때
한一마리의 붕鵬새가 날아와
알卵을 품었다
동시졸탁同時啐啄이 있었던

그날
아비는 춤을 추며
대바구니에 물을 가득 담았고
아들은 봉화대에
불을 지폈다

찬탄시讚誕詩
―일공스님 탄신일

…… 그리하여
사바세계 진흙탕 연꽃 위에 피어난 미소
오늘은 티끌 하나 없는 밝은 빛으로
관음의 화현으로 우리에게 나투셨다
머~ 얼리 아득히 머~ 언
영산靈山 회상에서……
꽃을 드신 세존의 마음과 미소 짓던 가섭의 마음이
이심전심으로~ 삼천여 년
…… 그러다가
한강수 모래알로 태어나
삼각산 정상 구름을 거두어 장삼으로 수하시고
우뚝 선 미륵으로 눈을 떴다
산은 북을 두드리고 새들은 노래하고 강물은 춤을 춘다
중생들 환희에 찬
찬탄시를 들을 때 바람인 듯 구름인 양 깃털처럼 날아
관악산 연주대 천길 절벽 위에서 일공一空대화상의 천년 거울이
불광의 빛을 받아 천하대지를 밝히노니
그대들 보았는가?

듣는가?
들었는가?
원융무애 정신과 화쟁사상을 꾸짖듯 호소하시듯 설하시는
영산당靈山堂 일공一空 큰 스님의 사자후를……
님께서 처처에 뿌리시는 법우法雨 저희들은 감로로 받아
바른 수행과 자비 실천으로 그 크신 은혜 보답 하겠습니다
큰 스님!
영산靈山의 그 위대하신 법체法體
일공一空의 무한하신 법력法力
원융圓融의 차별 없는 빛으로
오래~ 오래~
이 사바세계를 비추시옵소서

찬탄시讚誕詩

—일붕 서경보 존자님

멀리서
머~ 얼리서

그러다가 점점 더 가까이
들려오는 소리
산방산 굴사 낙숫물소리

붕鵬새가 운다.
백마사 말굽소리가 들린다
구화산 높디 높은 돌계단 밟는 소리
태평양 고요한 바다 침묵이 부서진다
용을 낚아챈 붕鵬새는 하늘을 날다가
종횡무진 지구를 누빈다

여든세겁 머나~ 먼 길을
여든세과 사리를 남기고
한 걸음에 달려 피안에 드셨을 님께서…

오늘 일체유정一切有情한 이 운집雲集

그 크신 법력으로 나투신 님은 또 누구십니까?

당신은 들으십니까
늙으신 노스님의 주장자 끄는 소리
사미승의 초롱초롱한 눈빛 이야기
두손 꼬옥… 모은채 가슴 조이는
여인의 갸날픈 기도를
땀방울이 마룻바닥을 적시는 참회의 삼천배
그 무릎 닳는 소릴
당신은 들으십니까

우리는 듣습니다
630 비문에 새겨진 님의 평온한 법문을
평화통일을 염원하시던 그 종소리를
우리는 듣습니다.

찬탄시讚誕詩

——일붕존자一鵬尊者

……그랬다
백록담 푸른 물에
하얀 사슴이 그림을 그리던 날

바다에서는 용이 춤을 추고
하늘에서는 봉새 한 마리가 날아와
날개를 펴니……
광명천지光明天地 구만리九萬里에는
한점 그림자도 없었다

하늘이 열리던 오월
아홉 마리 용이 무지개를 토하던 그날
동시졸탁同時啐啄으로
한 마리의 봉새가 깨어났으니

봉새는 법法을 품고
하늘로
바다로 온 세상 법계法界를 날아~
날아서

오늘 해동 미륵 산하山下
용화 도량에 둥지를 틀었다

* 불기2564년 6월 29일 원주 미륵산 용화사에서 봉행된 일붕 서경보 존자 탄신 106주기 열반 24주기 다례재 및 흉상 제막식 행사에서 찬탄한 시비에 실은 시.

찬탄시讚誕詩

—인왕대선사 세계승왕 즉위에 부쳐_ 당신은 여래의 꽃

아!

대大한韓 ……정토의 나라
　삼천리 금수강산 삼십삼만 삼천봉 여래의 빛이여
　골골마다 울려퍼지는

승僧가家의 염불소리……

왕王 마저 머리숙이는 부처님의 법력法力
　물은 어디에서 왔을까?
　바람이 불어오는 까닭은 무엇이며……
　만인의 발걸음 그 소식은 무엇인가?

인仁자하고 온화한 법신法身
　흙탕물 진흙 속 백설이 휘날리는 겨울이 와도

왕旺성하게 피어나시던 여래의 꽃
　산과 들 바다건너 멀리 사막의 나라
　거기에도 여래의 꽃이 피었구나
　사좌좌에 오르실 때
　님을 바라보는 저희들 환희에 찬

존尊경심 자애로우신 그 가르침에 따르지 않을

자者 누가 있으리오

찬讚란하도다 한국불교의 기둥 세계승왕 인왕 대선사의

탄嘆신!

유색무색이 혼돈스런 이 시대 당신은 세상을 밝히실 연꽃 위에 나투신 부처요

생불이시기에 저희들은 경하慶賀의

송頌시를 올립니다.

화답시和答詩

허공에 질러보는 한마디

—2019년 8월 15일 지안

휘영청 밝은 보름달을 볼 수 있는 곳은
동서도 아니요 남북도 아니며
높은 곳에서도 아니며 낮은 곳에서도 아니다
오직 열린 문 밖으로 나오는 것이다.

내 지금 이 길에 서 있는 것은
배경도 학벌도 지혜와 총명도 아닌
오직 첫 길에 첫 이정표가 따른 것이다.

길 위에서 밝은 달을 보지 못하는 것은
아상과 아집이란 쓸데없는 잣대를 들고
오직 스스로 맘에 빗장은 친 것이다.

허공엔 메아리가 없다

—2019년 9월 16일 연화

달은 어둠이 오면 따라 오는 것
눈을 뜨고 감을 때에 문의 경계가 있을 뿐
동서남북과 높고 낮음도 아니로다.

내가 지금 이 길을 가는 것은
나를 찾아 갈 뿐인데
어찌 시방세계 이정표가 있을 손가.

길 위에서 밝은 달을 볼 수 있는 것은
길 아래 호수가 달을 품고 있는
그 도리를 모를 뿐이다.

* 이 화답시는 지안 존자님시에 석연화 세계승왕이 답한 화답시입니다.

새만금
—새만금 마지막 물막이 기원제

들리는가……?
듣는가……?
8만 부안 군민들의 가슴 뛰는 소리
200만 전라북도 도민들의 함성을 그대들은 들었는가?
33.9㎞ 끝없는 길
희망찬 그 길을 가 보았는가?

천상천하 바다여!
대지여!
그대들은 듣고 있는가?
7천만 민족의 가슴속 희망의 노래를 듣고 있는가?

보라!
거친 파도를 잠재운 새만금
그 앞에 펼쳐진 오대양 육대주 태평양이 보인다
백두에서 한라까지……
팔만 사천 봉우리 마다 덩실덩실 어깨춤을 추는 북소리……
사계절을 노래하는 고운 물결의 음률 아름다운 나의 조국 대한의 산하여!

대륙을 움켜쥐고 포효하는 호랑이 형국의 한반도
생기 충만한 내 조국의 산하여……
이것이 우리 민족의 기상이요 위엄이니라

7천만 동포는 들으시라
그대들 당당히 가슴을 펴라
그리고 앞을 향해 똑똑히 걸으라

일제의 수탈 본거지였던 부안·김제·만경 황금 들녘
만경강 하구가 터져 허하디 허했던 서해가
이제사 대역사로 새만금을 완공 웅비의 나래 펴니
이 어찌 하늘이 주신 보고의 땅이 아닐손가
덩실덩실 풍년가를 부를 날 이제야 당도했으니
장하도다!
장하도다 대한의 아들들아

보라!
이제사 알겠노라
산줄기가 황금벌판을 더듬고

강물이 굽이굽이 돌아가던 그 까닭을 이제사 알았노라
무엇이겠는가

동포여!
이제 때가 왔음을 알라

피와 땀으로 이루어낸 새만금!
강산이 두 번 바뀐 지난 이십년 대 역사를 돌아보라
몇 날 며칠 쌓은 둑이 밀물에 부서지고
썰물에 산산이 흩어질 때
쓸쓸이 석양을 보시며 한숨 쉬시던 우리들의 아버지
거기엔 아버지의 땀방울이 스며있고
다 떨어진 아버지의 신발이 묻혀 있다

아버지
그리고 삼촌들……
당신들은 자랑스런 대한의 아들이요 만인의 어버이 삼촌이셨습니다
저희들은 님의 고귀한 희생정신에 새삼 머리숙여 삼가 경의를 표하나이다

저희들 세세손손 새만금 개척정신을 이어 받아 힘 있는 나라, 부강한 나라, 넉넉한 나라, 잘사는 나라를 만드는데 최선을 다 할 것입니다

반만년 유구한 역사와 찬란한 문화를 지닌 우수한 단일민족임을 자부하며 세계 인류평화 구현에도 기여할 것입니다

특히, 친환경 자연주의로 지구 환경 보존운동에 솔선하고 새만금을 세계에서 가장 청정하고 아름다운 해양문화 관공도시로 만들 것을 천명하는 바입니다

새만금에는 우리의 꿈과 희망찬 미래가 있습니다

한민족의 우수한 독창적 창의력과 근면 협동성신과 충효 정신을 바탕으로 도의를 다해 풍요롭고 행복한 국가건설에 앞장서겠습니다

우리들의 이러한 원동력은 하늘이 주시고 님께서 다듬어 주신 새만금으로부터 시작 될 것입니다

꿈과 희망 미래가 약속되는 새만금!

대한민국의 실크로드 33.9㎞ 끝없는 길을 우리 모두 함께 꿈과 희망을 안고 전진합시다.

용화사에 꽃이 피네

용화사에 꽃이피네
♩= 86
석연화 작사
조광재 작곡
p mp pp
천 ㅡ 하 명 ㅡ 당
미 륵 산 ㅡ ㅡ 하 용 화 도 량 아 미 타 ㅡ ㅡ
불 ㅡ 부 처 님 ㅡ 이
접 지 하 ㅡ 신 연 화 세 계 정 토 로 ㅡ
다 ㅡ 용 ㅡ 화 교 ㅡ 주
설 법 으 ㅡ ㅡ 로 하 화 중 생 하 오 시 ㅡ ㅡ
니 ㅡ 어 서 오 ㅡ 세
어 서 오 ㅡ 세 귀 를 열 고 눈 을 뜨 ㅡ
세 ㅡ 석 가 세 ㅡ 존
천 년 에 ㅡ 꿈

섭 하 오 신 지 혜 말 씀 듣 고 지
용 화 사 는 세 세 비 밀 미 소 하
고 ㅡ 깨 어 나 ㅡ 세
니 ㅡ 백 두 정 ㅡ 기
p mp
깨 어 나 세 참 회 하 고 깨 어 나
내 린 줄 기 과 거 칠 불 법 신 이
mf p
세 ㅡ 자 ㅡ 씨 보 ㅡ 살
요 ㅡ 석 ㅡ 가 세 ㅡ 존
p mp
인 간 세 ㅡ ㅡ 상 나 투 실 때 대 명 천 ㅡ ㅡ
현 세 불 ㅡ ㅡ 에 미 래 불 은 용 화 교 ㅡ ㅡ
p
하 ㅡ 용 화 수 ㅡ 눈
주 ㅡ 불 국 정 ㅡ 토
mp
용 화 세 ㅡ 계 드 리 우 ㅡ 고 ㅡ 꽃 피 우 ㅡ
연 화 세 ㅡ 계 세 계 일 ㅡ 화 ㅡ 꽃 이 피 ㅡ
1. 2.
세 ㅡ 세 ㅡ
네 ㅡ 네 ㅡ
mf
드 리 우 ㅡ 고 ㅡ 꽃 피 우 ㅡ 세 ㅡ
세 계 일 ㅡ 화 ㅡ 꽃 이 피 ㅡ 네 ㅡ
rit

용화세계 꽃이 피네

천하명당 미륵산하 용화도량 아미타불
부처님이 점지하신 연화세계 정토로다

용화교주 설법으로 하화중생 하오시니
어서오세 어서오세 귀를열고 눈을뜨세

석가세존 설하오신 지혜말씀 듣고지고
깨어나세 깨어나세 참회하고 깨어나세

자씨보살 인간세상 나투실때 대명천하
용화수는 용화세계 드리우고 꽃피우세

천년의꿈 용화사는 세세비밀 미소하니
백두정기 내린줄기 과거칠불 법신이요

석가세존 현세불에 미래불은 용화교주
불국정토 연화세계 세계일화 꽃이피네

| 해설 |

자존감의 합리성과 성찰省察의 해법

자존감의 합리성과 성찰省察의 해법
—석연화 시인의 생명외경과 통시적 관점

엄창섭
(김동명학회 회장·K정나눔 이사)

1. 매혹적 형사形似와 사유의 이중거리

간혹 세월은 덧없는 강물의 흐름에 견주어지지만 어디까지나 마냥 흘러가는 것이 아니라, '의미, 가치, 사유의 깊이로 채워가는 것' 이다. 비록 코로나 19와 개념도 불투명한 갈등과 대립의 이분법으로 인하여, 아직은 절망의 끝이 보이지 않는 불확실한 시간대이지만, 지나친 자기변명과 합리화에서 오는 언어공해로 변형된 삶의 처소는 불안한 조짐을 말끔 씻겨내야 한다. 이 같은 전황에 비춰 정신적으로 창조된 것은 물질보다 한결 생명적이기에 창의적인 예술가는 그의 이전작품에 결코 만족하거나 현실에 안주하지 말고 계속 다음의 정신작업에 전념할 일이다.

일단 시집평설의 글머리에 앞서 필히 지적할 바라면 필자가 몇 년 전에 '단군신상이 봉안된 소림선종으로 세계불교 승왕청 소림사의 한국본부인 용화사의 청정도량을 찾았을 즈음 화엄華嚴을 깨우는 큰스님의 법향法香도 그러하였지만, '돌 할미당의 신화'는 못내 하나의 충격으로 다가왔다. 그간에 분망한 삶의 일상에서

「선문학」의 회장 일을 담당하면서, 보다 더 감사한 것은 점차 중국 연변에서 잊혀져 가는 민족시인 「윤동주문학상」의 운영에 실질적 역할을 담당하고 있는 석연화 시인과의 소중한 만남의 연緣을 작은 정표로 비록 졸시拙詩이지만, "목어木魚의 울림 뒤 교교한 월광/ 바람 끊긴 닙바나 달마의 외경畏敬에/ 황옥黃玉 약사불의 효험 선험적인데/ 마애불의 미륵봉은 선잠인 듯 아득하다./ 삼라만상의 묘법과 도리인 법문이/ 도형화한 만다라宇宙는 한층 놀랍고/ 묵언의 수행 끝에 아흐, 현기증이다.(선풍의 불림佛林, 아득하여라)"를 헌납한 사실이다.

어디까지나 사각의 도시공간에 몸담고 있는 이 땅의 시인들은 문화충격이 예상되는 21세기의 지평을 새롭게 열어갈 문화에 관한 안목을 확장하고 발상전환에 열정을 쏟아야함도 그러하거니와 도전해 오는 문화의 삼각파도에 주어진 현상이 암울하여도, 최소한 깨어있는 역사의식으로 잠시 호흡을 가다듬고 석연화 시인의 투명한 시인식의 동질화 양상에 주의 집중할 바다. 비교적 선리禪理와 선지禪旨를 수용한 시적 특이성은 물론 산중생활의 수행과 풍경을 응축하여 형상화한 비교적 산거시山居詩와 산정시山情詩가 대부분이지만, '묵언의 응시에서 비롯된 푸른 생명의 시학으로 자유로운 바람의 시혼詩魂'에 한번쯤은 유념할 일이다.

모처럼 오랜 고뇌 끝에 간행하는 그 자신의 빛나는 정신적 생산물의 총화總和에 해당하는 시집 간행은 결과적으로 무엇에도 얽매이거나 구속됨이 없는 수행자의 삶이 충직하게 반영되고 있다. 까닭에 끊임없는 정직성의 탐색으로 밝은 사회를 스스럼없이 지향하는 그만의 시적 작위作爲로 일상의 감동을 회복시키는 역동

성에 결부되기에 대다수의 시편들은 일체유심조一切唯心造의 틀짜기로 '인생은 잠시 머물다 가는 무위무상無爲無想'의 불교적 사변성에 사유의 뿌리를 깊이 내리고 있다. 이처럼 일관된 그 자신의 정신작업은 '인연과 자연, 그리고 즉물적 대상'을 즐겨 시적 질료로 삼고 있음에 간과치 말아야 한다.

그렇다. 따뜻한 감성의 시인이기에 앞서 존경받는 정신적 지도자로서 대중과 함께 삶의 현장에서 부딪기며 구도적 길에 몸담으면서도 "가슴속 움튼 씨앗 하나가/ 어느새 하늘 가득/ 붉게 익었건만// 석류는/ 마음으로만 보란다// 만삭이 된 그 아비의 정체를/ 묻지 말고…… (「석류」)"의 보기나 또는 '배나무야!~ / 나두 할아버지처럼/ 너를 사랑한단다/ 그러니 내년에는 단맛이 넘치는/ 주렁주렁 배를 많이 열리게 해다오!'는 천진무구天眞無垢한 메르헨적 관심사關心事로 "과수원에서 손주를 데리고 거름을 주시던/ 할아버지의 말씀이다.// 손주가 궁금해서 할아버지 그렇게 하면/ 정말 배가 많이 열려요? 하고 묻자(「전원일기」)"에서 입증되듯 자연의 이법에 거슬림 없는 서정성은 시적 정조情調가 순수하여 칙칙한 어둠의 그늘을 말끔 걷어내기에 부족함이 없다.

비록 인간에게는 새처럼 자유롭게 무한공간을 향해 날아오를 날개는 없지만, 꿈이라는 시적 상상력을 지니기에 이 시대의 지조志操있는 시인이라면, 깊은 영혼의 상처로 고통 받는 충직한 독자들에게 꿈의 날개를 달아주는 소임을 엄숙히 수행하여야 한다. 이 점에서 뼈아픈 자기성찰을 통해 그 자신이 엄격하게 자기수행에 철저하면서도 세상사에도 무관심할 수 없는 측은지심이랄까? 일종의 자연현상에 "아무도 달랠 수 없는 너의 분노는/ 아주 작은 씨앗에서 싹 텄을 것이다// 신이 잔뜩 오른 무녀처럼/ 광기어린 그 춤사위에 박수갈채를 보내야 하나/ 플랙카드라도 달아주어야 하나(「산불」)"의 보기에서처럼 타자에 대한 연민의 정은 더없이 비장감마저 묻어있다.

2. 시인식의 표층表層과 시혼의 울림

모름지기 가슴으로 날아든 꿈의 편린片鱗을 응시하고 인식하는 예감과 투시력이 한층 뛰어난 그 자신의 시적 몽환夢幻은, 그간의 낡고 고루한 시각을 스스럼없이 알맞은 정신기후로 조성하여 세대고世代苦를 감내한 뒤의 새로운 가치추구와 의미망의 확장에 그 존재감은 더없이 당당하다. 또 하나 상이하게도 '가야한다 가서 오랫동안 비웠던 방을 청소하고'에서 인간의 생애는 그 자체가 탄생 직후부터 이름 모를 항구에 닻을 내릴 그 시간의 관계층위는 귀향과도 결부된다. 마침내 기대감 이상으로 "헤엄치며 건너던 마을 앞 시냇물도/ 걸어서 건너가 보고/ 하늘 높이 두렵던 뒷동산// 새소리/ 바람소리도/ 다시 들어봐야 한다(「귀향」)"와 같은 지연회귀성이다. 이 같은 동일화 양상은 그 자신의 「비오는 날이면 메밀꽃이 핀다」에서 짐짓 시적 분위기와 동기부여는 선명하게 확증되고 급기야 '가고 싶다'는 충동감에 이끌려 가산可山의 「메밀꽃 필 무렵」의 주인공(허생원)을 기억 흔적에 떠올리게 한다. 그렇다. "비가 그친 뒤 달이 휘영청 산허리에 걸리고/ 계곡 물소리가 크게 들리면/ 내 가슴엔 하얀 메밀꽃이 피어난다// 방안 가득 머~ 얼리 평창 땅까지/ 봉평 장터를 넘어가는 고개 자갈밭 사이로/ 하얗게 하얗게 피어난다(「비오는 날이면 메밀꽃이 핀다」)"의 추이推移는 '하얀' 무채색의 색조로 이행되어 더없이 감미롭다.

차지에 '내 죄는 산보다 높고 바다보다 깊은데 내 어찌 담당하랴.'라는 임종 시의 그 유지遺志를 다시금 되뇌이지 않더라도 "조각조각 법의法衣를 꿰매 입은 누더기/ 가야산 자락이 장삼長衫 소매요/ 바람조차 없어 스스로 선풍禪風을/ 날리우던 눈썹// 부질없이 왔다 가신 발자취/ 피어날 때는 봄꽃이로되/ 질 때에는 낙엽처럼/ 산산散散이 가더이다(「성철스님 열반에 부쳐」)"의 보기에서 수행자의 신분이나 이생의 삶을 마감하고 열반에 들었을지라도 못내 나뉨의 아픔이 느껴워 "님이시여!/ 저희는 어디로 가야 합니까?// 대행보살大行菩薩이시여/ 부디 고단하셨던 이승의 모든 인연 잊으시고/ 왕생극락하셔서 대광명大光明의/ 빛으로 오소서(「한마음 선원 대행 비구니 열반에 부쳐」)"와 맞물려 인간적인 이 시대의 진정한 휴머니스트와의 만남으로 지극히 깊은 공허함에서도 평정심을 유지할 것이다.

까닭에 영국 아핑검 스쿨의 교훈처럼 '역사를 만들어 가는 보통사람들' 곧, '좋은 시인과 어머니'가 축軸이 된 행복한 사회의 조성을 위한 인간성의 회복은 물론 건전한 제도적 장치의 보완과 지혜롭고도 넉넉한 삶의 절실함에 시적 상상력이 보다 요청된다. 한편 '산하山河는 처처에 꽃을 피우고 강물은 춤을 추던 그 유월'에도 지구상에 유일한 분단국의 국민으로 한국전쟁(The Korea War)이라는 동족상잔의 아픈 상흔으로 가슴앓이 하는 불행한 현재성에서 지극히 놀라운 것은, 이 시대의 우리와는 상이하게 선방에서 가부좌를 틀고 면벽수행을 하는 수행자의 신분으로, 현학적이고 치밀한 고도의 시적 수사를 모사模寫하지 않으면서도 시의 본말本末인 서정성을 켜켜이 지켜낸 그 진솔함과 담백한 시격으로 감동의 큰 울림통을 특이성으로 '눈부신 존재의 꽃'으로 발화시키는 점이다.

그렇다. "…어디선가 들려온 총성!// 산짐승도 놀라고/ 새들도 놀라 날개를 잃었다/ 초원은 짓밟히고/ 산하山河는 갈기갈기 찢겨 선혈이 낭자했다// 총성이 뚫고 간 허리춤/ 이름 모를 어느 골짜기에 쓰러진 병사/ 가슴속 움켜진 그 사연(「유월의 통곡」)"은 끝내 비장감 묻어있는 진혼곡으로 변주되어 통한의 울림통을 자극한다. 이 같은 적극성으로 그 자신이 세속의 시끄러운 소리를 잠재우고 '고요, 묵언, 응시로서 자연과 세상의 관조'야말로 충동적인 사고가능성思考可能性의 결과이다. 마치 그 점은 2백만 명의 페르시아 군과 3천명의 스파르타의 용사와의 접전인 테르모필레의 전투에서 유명을 달리한 스파르타 용사의 "길손들이여, 스파르타에 가서 전해주오. 조국의 명을 받들어 여기 우리가 이렇게 누워 있노라.(스티븐 프레스필드, 「불의 門」)"는 비문처럼 비장감에 짐짓 가슴 뭉클할 것이다.

특히 생명 외경의 사상과 자존감을 회복하고 세계인식의 쌓기와 허물기를 줄기차게 반복하면서, 시 심리의 불안감에 치유의 가능성을 열어 보이는 석연화 시인은 이 땅의 누구보다 언어작업에 식별력을 지니고 지혜롭게 대치하는 존재이다. 그 자신은 예감을 지닌 시인으로 현실감에 충직할뿐더러 자기성찰을 통하여 시대적 소임을 절감하는 까닭에 『莊子』의 산목편의 "까치 이야기"처럼 슬픈 일상의 연계로 만물은 서로 해하고, 이해는 서로 짝하고 살아가는 생의 비법에 관해서도 정치精緻하게 입증하려는 점은 더없이 미덥다.

또 한편 당위성이 주어지는 그 자신의 시적 변명은 생명외경의 시인식이 자연과 합일되어 반짝이는 눈부심에 한층 지배적이다. 간혹 깊은 산중에서 길을 묻는 수행자에게 어느 선사가 "눈앞이 길이다."라는 그 가르침과도 연계된 시편들은 '시어와 수사기법의 단순함, 대조적으로 감정의 무절제와 시형식의 단조로움'이 놀랍게도 이채롭다. 비록 그 자신이 창조적 정신작업의 종사자임을 자처하지 않더라도 '최소한 몸담고 있는 공간과 시간대에 깊은 애정과 관심을 지녀야 한다.'는 평자의 일관된 지론에 맞물린 조건의 실재라면, 수년전 한국을 다녀간 프란체스코 교황이 "죽은 자는 함께 춤추고 기뻐할 수 없다."라며 생명의 존엄성을 일깨워 주었듯, 인류의 정신적 스승 헤르만 헤세의 "단지 하늘에 떠가는 구름뿐이라고 해도 우리가 살아 존재하는 한 기뻐해야 한다."라는 지적은 살아 숨 쉬는 존재자로서의 작은 행복감에서 기인起因한 감사의 시학이다.

특히 슬로라이프적인 여유로움(Surplus)의 시각에서 '지금 살아 있다.'는 'now와 here'로 감동을 회복시켜, 점차 사유의 깊이와 속도를 적절하게 조절하여 삶의 향방을 확대시킨 그만의 타당성은, 새로운 의미망의 확장으로 '감동의 파상과 영혼의 정화, 즉 시인의 시적 서정'이라는 연계성과 한층 결속되어 빛남이다. 이처럼 미적 주권의 확립을 위한 시의 자주성, 독자성을 확장하는 시적 행위는 '한 시대의 비공인 된 입법자이며 충직한 사제로서' 전통의 틀을 쌓고 허물며 시적 터 밭을 묵언의 웅시로 아우르기를 반복하는 그 자신의 구도적求道的 행위는 어두운 그늘이나 칙칙함을 말끔 씻겨낸 또 하나의 잠언적 교시다.

그 나름으로 흘려보낸 과거는 망각 속에 잠들어도 자유로운 형식과 담백한 어조로 풀어나가는 시인의 궤적軌迹에 의한 시인식의 다양성은 독자의 시선을 끄는 정직한 매개물로 적합하고 음조가 좋은 언어로 결結 고운 옷감을 직조하는 그만의 시적 묘미이며 비법이다. 종종 그 자신의 시편들에서 '하늘엔 별, 지상에는 꽃, 마음에는 시詩'라는 응축된 의미로 빈도수 높게 작품의 질료로 사용되는 여성상징이며 푸른 식물성인 꽃은, 삶의 질곡 속에서 끝내 소멸될 인자因子로서의 아쉬움이 남지만, 일단 '꽃(대상)■나(화자)■시집(禪 修行 또는 詩集)'의 잇닿음은, 꾸밈없는 시어의 묘미에 근접하여 의미망의 외연外延의 넓힘과 비교적 자연적 대상을 시적 질감으로 삼으며 탈고한 시편들에 결코 만족하지 아니하고 전통의 실타래를 다시 꼬아내는 그만의 정직한 고뇌는 끝내 진지할 따름이다.

그와 같은 조짐은 '자신을 위해 무덤을 만들지 않는 새〔鳥〕의 생리'로 천상天上의 표징인 '새가 소리 하나로도 꽃그늘을 깐다.'는 고정인식 깨기와도 연계성을 지니기에, 시적 상상력의 정체성을 끊임없이 확장시켜 차별화된 일상의 시적 개아個我를 마침내 꿈꾸는 생명감으로 공존의 세계를 지향한 점은 실로 경이롭다. 모처럼 치밀한 다이밍을 포착하여 생명 외경심을 삶의 일상과의 융화적 감응의 틀에서 긴장감 속의 전율을 수사적 기법으로 수용한 적절성은 한층 합리적이다.

3. 개아의 변주變奏와 수행자의 정직성

모름지기 '개아의 변주와 수행자의 정직성'으로 시적 특이성이 빛나는 석연화 시인의 시정신은, 비교적 식물성언어로 직조된 전율 같은 가슴 떨림이기에 다소 모호성이 있으나 서정성이 빛난다. 그의 시편에서 주지할 바라면 '별과 달을 내포한 생명의 꽃을 눈부시게 피워내는 힘겨운 행위'는 빈도수 높게 사용된 주된 현상으로, 서정성의 확립과 생명에의 변주라는 틀 위에서 기인된 파상破狀의 탐색이다. 따라서 일상적인 대상과 예술적인 감성의 접합은 종종 역설적이되 대상물의 대치代置에서 판별되는 시적 특이성은 생의 달관에서 비롯된 여유로움이 변이된 감정의 절제이다. 다음의 시편에서 '금산 정영金山 政英 가나야마 마사히데 당신은 누구시오?' 그와의 아름다운 동행을 오래 기억하라는 기대감에서 모티프를 설정하여 "대한해협을 넘나들던/ 금산 철인金山鐵人 가나야마 마사히데/ 당신은 유능한 외교관이요 진정한 일본인으로/ 우리 한국인의 동반자요 평화의 사자였습니다.(「동행」)"라며 대다수의 지식인들까지 관심 밖의 인물로 잊고 있는 사실을 우리역사에 각인시키려는 치열한 애국위민정신은 〈대한민국 독도〉와 맞물려 있다.

그 같은 현상은 "개념과/ 창조 사이에/ 감정과/ 반응 사이에/ 그림자는 자리한다."라는 엘리엇(T. S Eliot)식 발상으로 신비스런 동반자로서의 시적 행위와 동질화 양상을 지닌다. 까닭에 '우리가 그토록 그리워 하는 그 작은 섬'의 이미지를 형상화하여 『독도수호』지에 수록한 시편 "아! 독도/ 듣기만 해도 가슴이 뭉클한/ 그리운 섬./ 애틋한 안타까움/ 괜시리 미안한 마음이 앞서는/ 동해

바다~ 저~ 편/ 외로운 섬 하나(「대한민국 독도」)"에서 영탄적인 기법의 처리로 정감이 격하여 절제되지 못한 아쉬움이 남는다. 특히 그만의 존재감은 이 땅의 선승이며 날〔刃〕푸른 민족정신의 실체인 만해萬海선사와 일맥상통한 그 자신의 무채색의 시정신은 한결 빛난다. 비록 비정한 후기산업사회에 몸담으면서도 현대시가 부대끼는 즉물적 상관물을 여과하여 입증하되, 그간의 새로운 변형을 위한 합리적 해법을 탐색하려고 대상의 물활론物活論을 심도 있게 수용하여 고조된 긴장감 뒤에도 평상심을 지탱하려는 놀라운 확신감이다.

시집평설의 말미에서 그 자신이 미래가 불확실한 현대사회에 있어 '인간은 현재진행 중인 살아가는 존재임'을 인식하며 일관되게 순수서정성의 미적주권확립을 위해 깊은 사유의 결과물에 비장감이 묻어있다. 모쪼록 존엄한 삶에 있어 "시인과 승려가 살이 찐다는 것은 그 시대의 불행을 의미한다."는 인도의 격언처럼 세계고世界苦를 자신의 아픔으로 진정성 있게 수락한 그의 지난한 몸의 시학은, 존귀한 심성을 지닌 시인임을 입증한다. 까닭에 소소한 삶에서 푸른 생명의 기표를 교신하되, '느림의 시학'을 깊이 있게 인식하고 비정한 사회현상을 정화시키는 '선禪과 시의 제작자'로서 소통과 치유라는 키워드를 일관성 있게 지행합일 하는 역주力走에 영혼의 파동과 사유의 눈금읽기의 기대감을 못내 가늠할 따름이다.

석연화 시집_ 죽비소리에 들다

초판 인쇄 | 2020년 11월 10일
초판 발행 | 2020년 11월 15일

지 은 이 | 석연화
발 행 인 | 이광복
편집국장 | 김밝은

펴낸곳 | 사단법인 한국문인협회 THE KOREAN WRITERS' ASSOCIATION 月刊文學 출판부
주소 | 서울시 양천구 목동서로 225 대한민국예술인센터 1017호
전화 | 02-744-8046~7
팩스 | 02-743-5174
이메일 | klwa95@hanmail.net
등록 | 2011년 3월 11일 제2011-000081호
ISBN 978-89-6138-449-0 03810

값 15,000원